Szvámí Amritaszvarúpánanda

Az isteni üdvösség Anyja

Mata Amritanandamayi Center, San Ramon
Kalifornia, Egyesült Államok

Az isteni üdvösség Anyja

Kiadta:
Mata Amritanandamayi Center
P.O. Box 613
San Ramon, CA 94583
Egyesült Államok

———————— *Mother of Sweet Bliss (Hungarian)* ————————

Első közzététel MA Center: április 2016

Magyarországon
www.ammachi.hu

Indiában
inform@amritapuri.org
www.amritapuri.org

Tartalomjegyzék

Ammá ásramja Amritapuriban

1. rész
Életrajz

Első fejezet
Az isteni gyermek

ndiában, Kérala állam tengerparti területének déli részén van egy kis falu, melynek neve Parajakadavu. A falucska keskeny, kókuszpálmákkal teli földnyelven fekszik, egyik oldalán az Arab-tenger, a másikon lagúnák szegélyezik. A falu lakói emberemlékezet óta halászattal foglalkoznak. Parajakadavu szentségéről és nagyszerűségéről számos ősi történet maradt fenn.

Ezen a helyen, sok-sok évvel ezelőtt egy Szugunánandan Idammanél nevű tizenhárom éves fiú az iskolából hazatérve felmászott egy kesudiófára az unokatestvérével. Belemerültek az ízletes kesudió élvezetébe, amikor egyszer csak egy hosszú hajú és nagy szakállú szerzetesre lettek figyelmesek, aki a hindu szerzetesek hagyományos narancsszínű öltözékét viselte, s ott sétált el a fa alatt. Sohasem látták korábban, és csodálat töltötte el őket, mert az arca valósággal ragyogott. A szerzetes hirtelen boldog nevetésben tört ki, és hangosan így szólt önmagához: „Sok szerzetes fogja itt elérni a szamádhit (az Istennel való egység állapotát). Meg fogják látni Istent, ez pedig szent hellyé válik!" Nagyot kacagott, majd folytatta útját. A fiúk sohasem látták többé.

Szugunánandan és unokatestvére tanácstalanul állt a látottak előtt. Mire gondolhatott a szerzetes, amikor azt mondta, hogy ez a hely, Szugunánandan családjának otthona, egy napon szent hellyé válik? Szugunánandan csak sok esztendővel később értette meg e szavak jelentését.

Szugunánandan családja generációk óta a halászok nemzetségébe tartozott, és igen vallásos volt. Amikor Szugunánandan felnőtt, halkereskedő lett, azt a halat árulta, melyet a halászok fogtak a tengeren. Feleségül vette Damajantit, egy közeli faluból való lányt, aki szintén mélyen vallásos családból származott.

Damajantinak és Szugunánandannak nyolc gyermeke született, négy fiú és négy lány. Amikor Damajanti harmadik gyermekét várta, különös, csodálatos álmokat látott. Ezekben az álmokban az Úr Krisna, az Úr Siva és az Istenanya jelent meg előtte. Egyik éjszaka azt álmodta, hogy egy rejtélyes lény gyönyörű, színarany Krisna-szobrot adott neki. Szugunánandan szintén álmot látott, melyben az Istenanya jelent meg előtte. Szugunánandan és Damajanti megosztották egymással álmaikat, és azon töprengtek, vajon mit jelenthetnek. Arra jutottak, hogy talán valami nagyon különleges dolog fog történni az életükben. Mégis aligha sejtették, hogy Isten mire szemelte ki őket.

Egyik éjszaka Damajantinak rendkívül csodálatos álma volt. Azt álmodta, hogy olyan gyermeknek adott életet, aki a föld minden gyermekénél szebb volt, sőt maga volt Krisna. Damajanti karjában tartotta az isteni kisdedet.

Ennek ellenére úgy érezte, hogy egy darabig még nem fog a gyermek megszületni. Úgy tervezte, hogy ha majd eljön a pillanat, a szülei házába megy, és ott hozza világra a kisbabát. Azonban másnap, amikor a tengerparton dolgozott, hirtelen az a határozott érzés lett úrrá rajta, hogy haza kell mennie. Abbahagyta a munkát, és egyedül hazatért. Ekkor döbbent rá, hogy a szülés bármelyik pillanatban elindulhat.

Akkoriban Damajanti és férje egy egyszerű kunyhóban élt. Amint Damajanti belépett a kunyhóba, lefeküdt egy gyékényre, és a gyermek már meg is született. Nagyon gyorsan lezajlott az egész, és az anya semmi fájdalmat sem érzett. Az is feltűnt neki, hogy a gyermek nem sírt a születéskor, mint ahogy általában az újszülöttek szoktak. Damajanti ránézett a babára, és látta, hogy kislány. Csodálattal töltötte el, amikor felfedezte a csecsemő arcán ragyogó mosolyt. Sohasem fogja elfelejteni azt, ahogy a kislány ekkor ránézett. Tekintete, mely mintha azt sugallta volna, hogy mindent tud, olyan erős és szeretetteli volt, hogy közvetlenül a szívéhez szólt. Egy arra haladó szomszédasszony bekukucskált az ajtón. Amikor megértette, mi történt, belépett, s ellátta Damajantit és az újszülöttet. Így esett, hogy 1953. szeptember 27-én egy egyszerű pálmalevél kunyhóban megszületett a Szent Anya. A kunyhótól nem messze a tenger hullámai vidáman táncoltak a partot nyaldosva, a közeli lagúnák kis hullámai pedig lágyan locsogtak. Olyan volt, mintha az Anyatermészet üdvözlő altatódalt énekelt volna az újonnan érkezettnek.

A kislányon számos jelét lehetett látni annak, hogy isteni gyermek, de ezeket a jeleket akkor még nem értették. Ahogy feküdt, lába lótusztartásba kulcsolódott, ujjacskái pedig mudrát, szent jelet formáztak. A gyermek bőre sötétebb volt, mint a család többi tagjáé, ráadásul sötétkék árnyalatú volt. Ez megdöbbentette szüleit. Azt gondolták, talán valami nincs rendben vele. Számos orvost felkerestek, de azok nem értették, mitől olyan kék a baba bőre. Úgy vélték, biztosan valamilyen különös, ismeretlen betegségtől szenved. Azt tanácsolták Damajantinak, hogy ne fürdesse a csecsemőt hat hónapig, gondolván, hogy attól majd rendbe jön a bőrszíne. Damajanti úgy is tett, ahogy az orvosok mondták, de ez nem járt semmilyen eredménnyel. A kicsi bőrének kék árnyalata még hosszú ideig megmaradt.

A szülők a Szudhámani nevet adták a kislánynak, melynek jelentése: „nektárhoz hasonlatos drágakő". Szudhámani rendkívüli gyermek volt. Már nagyon korán, hat hónapos korában beszélni és járni kezdett. Mielőtt egy kisbaba megtanul járni, először néhány hónapig mászik, majd úgy egyéves korában elsajátítja, hogyan kell felállni, majd járni. Szudhámanival azonban nem így történt: egyáltalán nem ment át a mászás időszakán. Egy napon, körülbelül féléves lehetett, az újonnan épített házuk verandáján üldögélt. Egyszer csak fölállt, és keresztülsétált a verandán! Hamarosan, mindenki megdöbbenésére, szaladni kezdett.

Szudhámani a kezdetektől fogva a világon mindennél jobban szerette az Úr Krisnát. Amint megtanult beszélni, Krisna nevét hajtogatta. Még csak kétéves volt, amikor elkezdett imádkozni az Úrhoz, és nagyon szeretett kis dalokat énekelni Hozzá. Ezeket a dalokat ő maga találta ki. Mindennap énekelt Krisnának. Négyéves korára e dalokat mély szeretettel és odaadással énekelte, Krisna kis képmása előtt. Ez a kép volt a gyermek legnagyobb kincse, melyet mindig a blúzába rejtett, ahonnan időről időre elővette, hogy nézegesse.

Az Úr iránti szeretete nőttön nőtt. Amikor ötéves lett, a szíve csordultig telt az Isten iránti odaadástól. A szomszédok ismerték már, milyen szépen énekel. Amikor dalolt, Krisnát ábrázoló kis képére függesztette tekintetét, és soha nem fáradt bele annak nézegetésébe.

Gyakran előfordult, hogy Szudhámani gondolatai annyira az Úr körül forogtak, hogy tökéletesen megfeledkezett a környezetéről.

13

Szülei sokszor úgy találtak rá, hogy teljesen elcsendesedve, lehunyt szemmel üldögélt valahol. Olykor a lagúnák partján bukkantak rá, amint a vizet nézte, vagy csendesen szemlélte a kék eget. Úgy tűnt, mintha egy másik világban járna.

Ám ahelyett, hogy kincsként becsülték volna ezt a kivételes kislányt, az egész család ellene fordult, mert annyira más volt – és mert a bőrszíne sötétebb volt az övéknél.

Szülei nem értették az Úr iránti nagyfokú odaadását, és azt gondolták, valamiféle betegségről van szó. Nem fért a fejükbe, kislányuk miért énekel folyton Krisnának, miközben körbe-körbe táncol, és tudatában sincs a külvilágnak. Amikor pedig az üdvös boldogság állapotába merült – ami gyakran megtörtént –, azt hitték, csacska játékot játszik csak. Megrótták azért, mert nem úgy viselkedett, mint a többi gyermek. Sokszor nagyon csúnyán bántak vele, a legapróbb dolgokért megszidták, sőt meg is verték. Amikor rokonlátogatóba mentek, vagy valamilyen vallásos ünnepen vettek részt, általában minden gyermeküket magukkal vitték, kivéve Szudhámanit. Neki meghagyták, hogy maradjon otthon, és vigyázzon a házra és az állatokra. Nem volt több számukra, mint egy szolga. Olyan volt, mintha Szudhámani nem is lett volna tagja a saját családjának. Ő azonban nem panaszkodott. Szeretett egyedül lenni, és csak örült az ilyen alkalmaknak, mert Srí Krisnáról elmélkedhetett.

A házuk mellett egy tehénistálló állt. Szudhámani nagyon szeretett ott üldögélni egyedül, csak a tehenek társaságában. Ott is énekelt Krisnának, szívvel-lélekkel imádkozott Hozzá, és meditált. Boldog volt, és úgy szerette a teheneket, ahogy az isteni tehenészfiú, Krisna szerette őket egykoron.

14

Szudhámani ötéves korában kezdte el az iskolát. Fiatal kora ellenére tanárai hamar felismerték rendkívüli értelmi képességeit. Elég volt egyszer hallania a tananyagot, mindenre emlékezett abból, amit elmondtak. Azt is minden nehézség nélkül elismételte, amit olvasott valahol. Amikor második osztályba járt, néha a felsőbb osztályok idősebb diákjainak tartott előadásokat is meghallgatta, és azokat is könnyedén visszamondta. A tanító a többi gyereket, Szudhámani idősebb testvéreivel együtt, időnként megbüntette, mert nem tudtak megtanulni egy verset kívülről. Szudhámani viszont, noha jóval fiatalabb volt náluk, boldogan dalolta a verset, miközben pillangó módjára táncolt is a dallamára. Tanárai nagyon szerették. Megdöbbentette őket szokatlan emlékezőtehetsége – korábban sohasem láttak ehhez hasonlót. Minden tantárgyból a legjobb osztályzatot kapta. A legjobb tanuló volt az osztályban, annak ellenére, hogy gyakran otthon kellett maradnia, hogy segítsen édesanyjának a ház körüli munkában.

Szudhámani tele volt élettel és energiával. A falubeliek kedveskedve csak Kunnyunak (Kicsinek) nevezték. Nagyon szerették őt nemes jelleméért, az Úr iránt mutatott rajongó odaadása miatt, a szegényekkel és szenvedőkkel szemben tanúsított kedvessége miatt, fülbemászó dalaiért s azért, ahogyan Isten minden teremtményét szerette. Akik találkoztak vele, azoknak a szíve megnyílott, amikor vele beszéltek, és fiatal kora ellenére beszámoltak neki minden problémájukról. Még a vadidegenek is azonnal vonzódni kezdtek hozzá, amikor meglátták őt.

Szudhámani minden reggel már jóval pirkadat előtt felkelt, és dalaival köszöntötte az Urat. A szomszédok olyan tisztának, ked-

16

vesnek és elragadónak találták a kislány hangját, hogy reggelente ők is igyekeztek korán felkelni, hogy hallhassák, amint az Urat és az új napot köszönti.

Szudhámani legszebb dalai közül több is szomorú hangvételű volt, mert Krisna utáni vágyódásáról szólt. Rendkívül fájdalmas volt számára az Úrtól való elválasztottság érzése. Énekével megszólította Őt, könyörgött Neki, hogy jöjjön el hozzá, és elmesélte, mennyire vágyik a látására. Amikor ezeket a dalokat énekelte, mindig könnyek patakzottak végig az arcán. Egyre csak sírt, míg végül úgy érezte, hogy a szíve majd megszakad. A szomszédok aggodalommal figyelték, és néhányuk igyekezett megvigasztalni őt. De csakis Krisna tudta megnyugtatni a gyermeket. Egyedül Krisna tudta boldoggá tenni őt. A falubeliek megértették, hogy Szudhámani egy másik világhoz tartozik.

A családja azonban kevés együttérzést tanúsított iránta, és gyakran igen csúnyán bánt vele.

Bár apja sokszor bántotta őt – elsősorban azért, mert nem értette –, a szíve mélyén mégis nagyon szerette. Olykor Szudhámani erős vágyat érzett arra, hogy mindent hátrahagyjon – az otthonát, a családját és mindent, amit ismert –, s szüntelenül csak Krisnán meditáljon. Gyakran eszébe jutottak a Himalája szent bércei, ahol a jógik barlangokban ülnek, és egész nap meditálnak. Egyik este így szólt édesapjához:

– Apám, vigyél engem egy magányos helyre! Vigyél el a Himalájába! – majd sírva fakadt.

17

A Himalája Észak-Indiában van, nagyon messze az otthonuktól, így természetesen apja nem tudta elvinni őt. De hogy kislánya abbahagyja végre a sírást, magához ölelte, és így szólt hozzá:

– Hamarosan elviszlek oda. Most aludj, gyermekem!

Szudhámani ettől megnyugodott, és apja vállára hajtva a fejét elaludt, abban a hiszemben, hogy az tüstént oda viszi őt. Amikor azonban kicsit később újra felébredt, megint sírni kezdett, mert látta, hogy még mindig a kókuszpálmáktól övezett halászfalucskában van, és apja még mindig nem vitte el őt a Himalájába.

Amikor Szudhámaninak nem jött álom a szemére éjszaka, és ragaszkodott hozzá, hogy az udvaron meditálhasson, édesapja is vele virrasztott, és vigyázott rá, nehogy valami baja essen.

Második fejezet

A kis szent

zudhámani csak négy évig járt iskolába. Amikor tízéves volt, édesanyja reumás lett, ami azzal járt, hogy Szudhámaninak otthon kellett maradnia, és neki kellett minden házimunkát elvégeznie. Mindig is sokat segített az édesanyjának, de most minden munkát egyedül kellett megcsinálnia.

Reggelente hajnali háromkor kelt. Időnként, amikor nagyon fáradt volt, előfordult, hogy nem tudott időben felkelni. Ilyenkor édesanyját elfutotta a méreg, és úgy keltette fel őt, hogy egy korsó hideg vizet öntött a fejére.

A kislány egész nap, késő estig keményen dolgozott. Kitakarította a házat, majd felsöpörte az udvart. Elment a falu kútjához, hogy ivóvizet hozzon. Ő főzött az egész családra, súrolta a lábasokat és a serpenyőket, mosta mindenkinek a ruháit, gondozta és fejte a teheneket, sőt a kecskékről és libákról is ő gondoskodott. Ez még egy felnőtt embernek is nagyon nehéz munka lett volna, Szudhámani pedig még csak gyermek volt. Ő azonban soha, egyetlen szóval sem panaszkodott. Noha egész nap lefoglalta a munka, gondolatai mindig Krisna körül forogtak. Egy pillanatra sem feledkezett el Róla. A kislány ajka szüntelenül mozgott, ahogy folyamatosan Krisna nevét ismételte. Elég volt meghallania, hogy valaki Krisna nevét említi, olyan öröm töltötte el a szívét, hogy a szeme könnybe lábadt tőle.

Bármit is dolgozott a kis Szudhámani, mindig azt képzelte, hogy az Úr számára végzi. Mindent Őérte tett. Amikor a család ruháit mosta, azt képzelte el, hogy Krisna ruháit mossa tisztára. Amikor teregetett, úgy tett, mintha Krisna sárga selyemruhái csillognának a napfényben. Amikor kistestvéreit öltöztette, hogy azok iskolába menjenek, azt játszotta, hogy az egyikük Krisna, másikuk pedig Krisna testvére, Baláráma. Amikor a tehenek körül dolgozott, az isteni pásztorfiún, Gópála Krisnán járt az esze, aki Vrindávan mezőin és erdeiben őrizte a teheneket.

Továbbra is mindig magával vitte az Úr kis képét, bárhová ment, és gyakran nézegette. Olykor magához szorította, megcsókolta, majd sírva fakadt, mert annyira vágyott rá, hogy a valódi Krisnát lássa, és Vele legyen. Addig sírt, míg a könnyei átitatták a képet. Tudta, hogy semmi sem gyönyörűbb Krisnánál, s hogy nagyobb szeretet él Benne, mint a világ összes emberében együttvéve. Szudhámani teljes szívéből arra vágyott, hogy láthassa Őt, hogy játszhasson és táncolhasson Vele. Mindörökre Krisnával akart lenni.

A kislány rengeteg időt töltött azzal, hogy vizet hordott, mosott és a lagúnák vizén átkelve füvet gyűjtött a teheneknek. Emiatt szinte mindig nedves volt a ruhája. Gyakran súlyos vizesedényeket kellett cipelnie, vagy forró rizskását kellett vinnie a teheneknek. Ezt indiai módra tette, vagyis a fején egyensúlyozva vitte a terhet, amitől a feje tetején kihullott a haj.

Bár Szudhámani nagyon igyekezett, és rendkívül keményen dolgozott, anyja mégis gyakran megszidta őt, és már a legkisebb hibáért is eljárt a keze. Évekkel később, felnőttként Szudhámani így emlékezett vissza gyermekkorára: „Bizonyos értelemben Damajanti a gurum[1] volt. Önfegyelemre tanított, és arra, hogyan kell mindent nagy odafigyeléssel végezni. Ha söprés közben akár egyetlen szál is kihullott a söprűből, vagy ha miután befejeztem a takarítást, egyetlen

---

[1] A guru: szellemi tanító.

darabka szemét is az udvaron maradt, megkaptam érte a büntetést. Akkor is megbüntetett, ha porszem vagy hamu került az edénybe, amikor a tűz fölött főztem, vagy ha mosogatás után a legkisebb piszkot találta az edényen. Néha még egy fa mozsártörővel is megütött. Amikor mások látták, hogy milyen csúnyán bánik velem, kérték, hogy ne büntessen ilyen keményen. De ő nem hallgatott rájuk."

Olykor Damajanti ijesztgette Szudhámanit. Azt mondta neki: „Itt egy szellem! Azért jött, hogy elvigyen téged!" De nem rémiszthette meg a kislányt, mert az olyan bátor volt, hogy semmitől sem félt.

Élt a faluban egy Apiszil nevű öregasszony, aki imádta ijesztgetni a kisgyerekeket. Ha a gyerekek rosszalkodtak, a szüleik elhívták Apiszilt, hogy ijessze meg őket, hogy aztán jól viselkedjenek. Egy nap Damajanti megkérte Apiszilt, hogy jöjjön el, és ijessze meg Szudhámanit. Az öregasszony zsákot húzott a fejére, és odalopakodott az ablak elé, ahol Szudhámani üldögélt. Ezután a rémítő alak fel-le ugrált, üvöltött, sikongatott, és mindent megtett, hogy megijessze a kislányt. Szudhámani azonban egyáltalán nem rémült meg. Bátran kinézett az ablakon, és rászólt a fel-le ugráló, ordítozó szörnyre: „Menj innen! Tudom, hogy csak Apiszil vagy. Ne is próbálj engem ijesztgetni!" Damajanti néhányszor elhívta az öregasszonyt, de a kislány sohasem rémült meg tőle.

Szudhámani bátyja, Szubhagan olyan összeférhetetlen fiú volt, hogy az egész család, sőt a falubeliek is tartottak tőle. Szubhagan büszke volt arra, hogy nem hisz Istenben. Arról is meg volt győződve, hogy a fiúk jobbak, mint a lányok, s hogy jobb, ha a lányok csendben maradnak. Ő különösen kegyetlen volt Szudhámanival, és mindig kereste az alkalmat, hogy megbüntethesse valamiért. Ki nem állhatta húga Krisna iránti odaadását, sem pedig azt, ahogy az Úrnak énekelt. Amint csak meghallotta, máris dühbe gurult.

Mivel Szudhámani egész nap, sőt késő estig szorgoskodott, ezért csak éjszaka jutott ideje arra, hogy egyedül üldögéljen, és imádja az Urat. Addigra már olyan késő volt, hogy a púdzsászobában[2] lévő olajlámpa kialudt. Így aztán Szudhámani a sötétben ült, és úgy énekelt. Amikor Szubhagan észrevette ezt, mérges lett, és kiabálni kezdett vele. Szudhámani azonban így válaszolt neki: „Te csak a külső fényt látod. De mélyen bennem olyan fény világít, amely sohasem alszik ki!" Szubhagan nem értette, hogy húga az isteni Fényről beszél, mely ragyogóbb és gyönyörűbb minden közönséges fénynél, s hogy ez a fény mindig ott világított a kislány szíve mélyén.

Házimunkájának részeként Szudhámani gyakran felkereste a szomszédos házakat, hogy zöldséghéjat és rizskását gyűjtsön a teheneknek. Sokszor türelmesen meghallgatta az ott élő öregek szomorú történeteit. Beszéltek neki felnőtt gyermekeikről és unokáikról, akik valaha még jó egészségükért és hosszú életükért imádkoztak, most viszont elhanyagolják őket, sőt durván bánnak velük. Az öregek nagyon magányosak voltak, és senkivel sem tudtak beszélgetni. Szudhámani figyelmesen hallgatta őket, és megesett rajtuk a szíve. Mindig megpróbált egy kis időt velük tölteni, mert senki sem szerette őket, és senki sem törődött velük. Történeteiket hallgatva megértette, hogy milyen önzők az emberek, s hogy alig találni valódi szeretetet vagy együttérzést a világon.

---

[2] Az indiai otthonokban gyakran külön szobát tartanak fenn az istentisztelet céljára; ez az úgynevezett púdzsászoba.

Szudhámani szívét azonban együttérzés töltötte el a szomorúak, szegények és magányosak iránt. Ugyan csak gyermek volt, mégis minden tőle telhetőt megtett azért, hogy enyhítsen idős szomszédjaik szenvedésén. Néha, amikor senki sem volt otthon náluk, elhozta magukhoz az egyik elhagyatott öregasszonyt. Szeretettel forró fürdőt adott neki, olyan ruhába öltöztette, mely Szudhámani családjáé volt, és megetette, bármilyen ételt talált is otthon.

Amikor Szudhámani megtudta, hogy a faluban valakinek nincs elég ennivalója, megpróbált segíteni rajta. Pénzt vett ki anyja pénzesdobozából, és ételt vásárolt rajta. Ha ez nem volt lehetséges, addig nyaggatta apját, amíg az egy kis pénzt nem adott neki. Ha ez sem sikerült, akkor fogott némi nyers zöldséget és rizst a kamrából, s a szükséget szenvedő családnak adta. Egy alkalommal rajtakapták, amint ételt vitt egy éhező embernek. Annak ellenére, hogy nagyon megverték, titokban továbbra is adott ennivalót a szegényeknek, mert nem bírta elviselni a szenvedés látványát.

Amikor egy kis tejet lopott, vízzel pótolta, hogy senki se vegye észre a hiányt. Damajanti nem tudta, hogy Szudhámani az ételt és az italt azoknak a családoknak adta, akikkel összebarátkozott.

Időnként, amikor Szudhámani elment otthonról, alultáplált és egyedül csatangoló gyermekekkel találkozott, akikről a szüleik nem tudtak megfelelően gondoskodni. Szudhámani őket is hazavitte. Megetette és megmosdatta őket, majd visszavitte őket az otthonukba.

Testvérei kihasználták jószívűségét. Gyakran finom falatokat loptak a konyhából, és ha Damajanti észrevette, hogy valami hiányzik, egyszerűen Szudhámanira fogták. Ő persze tudta, hogy kik voltak a valódi tolvajok, mégsem szólt egy szót sem önmaga védelmében. Csak hallgatott, és hagyta, hogy Damajanti megbüntesse azért, amit mások követtek el. Időnként testvérei rosszul érezték magukat amiatt, amit tettek, és bevallották szüleiknek, hogy a kislány ártatlan. Szülei ekkor kérdőre vonták, miért fogadta el a vádat és a büntetést szó nélkül. Szudhámani így felelt: „Nem bánom, ha szenvednem kell másokért, a tudatlanságból elkövetett hibáik miatt."

Egyik nap Szudhámani egy rendkívül szegény családdal ismerkedett meg. Nem volt mit enniük, és a kislány kétségbeesetten igyekezett segíteni rajtuk. Otthon nem talált sem ennivalót, sem pedig pénzt. Úgy érezte, nem hagyhatja éhezni a családot, fogta hát anyja egyik arany karperecét, és odaadta nekik. Amikor apja hazaért, és megtudta, mi történt, éktelen haragra gerjedt. Kikötötte a lányát egy fához, és véresre verte vézna kis testét.

Habár Szudhámanival ilyen kegyetlenül bántak, ő ezért sohasem neheztelt senkire. Annyira szerette Istent, hogy mindenkit csak szeretni tudott, még azokat is, akik durván bántak vele. Úgy érezte, hogy mindenki része Istennek. Hitte, hogy minden Isten akaratából történik vele, még ha az fájdalmas is – így hát elfogadott mindent. Szenvedése nem haragot váltott ki belőle, hanem még inkább szeretett Krisnája felé fordult: a világon mindennél jobban vágyott Rá. Megértette, hogy egyedül Isten az igazi barátja, és egyedül Isten az ő igazi anyja és apja.

Mivel Szudhámani mindenki iránt ugyanazt a szeretetet érezte, minden nőt „anyának" és minden férfit „apának" hívott. Apja, Szugunánandan nem szerette ezt, és megszidta azért, hogy másokat apjának és anyjának nevez. A kislány így védekezett: „Sohasem láttam az igazi Anyámat és Apámat, ezért úgy érzem, hogy mindenki anyám és apám."

Jóllehet a falubeliek nagyon szerették Szudhámanit, ő senkit sem érzett különösebben közelállónak magához. Krisna volt a legjobb barátja. Az állatokhoz szintén kivételes szeretet fűzte. Amikor a tehenekre, kecskékre, kutyákra, madarakra és az összes többi teremtményre nézett, szeretett Krisnáját látta ragyogni bennük. Beszélt az állatokhoz, és azt képzelte, hogy ők valójában Krisna. Ily módon számolt be az Úrnak minden gondjáról, bajáról. Olykor, amikor egy tehén leheveredett, ő mellé feküdt. Összegömbölyödött, fejét a tehén testére hajtotta, és arra gondolt, hogy Krisna ölében nyugszik.

Harmadik fejezet
A kis szolga

hogy teltek-múltak az évek, Szudhámani tovább dolgozott a családjának, de gondolatai éjjel-nappal szeretett Krisnája körül forogtak. Eközben a kislány tizenhárom éves lett.

Nehéz volt a környékről szolgákat találni, ezért a rokonok arra az elhatározásra jutottak, hogy amikor szolgálóra van szükségük, Szudhámani menjen és dolgozzon nekik: nagyanyjának, nagynénjeinek és nagybátyjainak.

Nagyanyja háza hat kilométerre volt Szudhámaniék otthonától, és vagy hajóval, vagy pedig a parton végigsétálva lehetett odajutni. A kislány mindennap egy kis komppal utazott nagyanyjához, és visszafelé úgyszintén. Miközben a kompon üldögélt, nagyon élvezte nézni a kék vizet, és elképzelte, hogy Krisna mosolyog vissza rá a víztükörből. Emellett szerette együtt kántálni a szent Óm hangot a hajó motorjának zúgásával. Eközben szíve annyira repesett az örömtől, hogy érzelmei dalban jutottak kifejezésre. A komp többi utasa nagy élvezettel hallgatta Szudhámani énekét.

Egy napon aztán Damajanti már nem adott neki pénzt a kompra. „Tudsz te gyalogolni is!" – mondta Szudhámaninak. A kislányt ez egyáltalán nem szomorította el. „Semmi okom rá, hogy boldogtalan legyek – biztatta magát. – Ha már végig kell gyalogolnom az utat, legalább egyedül lehetek, és Istenre gondolhatok."

Másnap reggel elindult hát a tengerparton nagyanyja háza felé. A tenger zúgását hallgatva úgy tűnt neki, mintha a hullámok a szent Óm hangot zengenék. Ahogy így sétált a parton, és hallotta, amint a hullámok lassan éneklik: Óm... Óm... Óm..., olyan közel érezte magát Istenhez, hogy üdvös boldogság öntötte el a szívét. Miközben gyalogolt, énekelni kezdett az Úrhoz. Amikor a tengerre tekintett, a víz színe Krisnájára emlékeztette. Felnézett az égre, ahol könnyű, kékesszürke felhők úsztak. A felhők színéről is Ő jutott az eszébe. Ahogy a tengert és az eget fürkészte, olyan hevesen kezdett vágyódni az Úr után, hogy könnyekre fakadt. Elméjét annyira betöltötte Krisna, hogy teljesen elfeledkezett a külvilágról. Újra a távolba tekintett a víz fölött, de csak Krisnát látta! Milyen gyönyörű is volt Ő! Krisna volt ott a tenger minden hullámában. Szudhámani a part szélére botorkált, és megpróbálta megölelni a hullámokat, azt gondolván, hogy Krisnát öleli. Csuromvizesen folytatta útját, újra meg újra Krisna nevét kiáltozva: „Krisna! Ó, Krisna!" Olyan szeretet töltötte el Krisna iránt, hogy már nem is volt tudomása arról, mit tesz. Léptei egyre lassultak, míg Szudhámani végül megállt, és lerogyott a homokra. Ott feküdt, és arról sem tudott többé, hol lehet. Nem látott sem homokot, sem tengert, sem pedig eget – csak Krisna volt mindenütt. Az Úr volt jelen mindenhol, Szudhámani pedig fürdött a boldogságban. Teljesen elfeledkezett arról, hogy nagyanyja házához kellett volna mennie. Néhány óra múlva, amikor végül ráeszmélt, hogy hol van, felkelt, és folytatja útját. Sokszor megesett, hogy ily módon elkésett.

Nagyanyjánál mindig sok munka várt Szudhámanira. Ő igyekezett, és olyan keményen dolgozott, ahogy csak tudott. Nagyanyja igen meg volt elégedve, és kedvesen bánt vele. Egy napon a kislányt elküldték a malomba rizst hántoltatni. Egy olyan falun át vezetett az útja, ahol sok család annyira szegény volt, hogy alig volt mit enniük. Szudhámaninak majd megszakadt a szíve a szenvedésük láttán. Később, a malomból hazafelé találkozott egy olyan családdal, amely már három napja nem evett. Egy pillanatig sem habozott, és odaadta a nála lévő rizs egy részét. Amikor hazaért, nagyanyja észrevette, hogy hiányzik a rizsből, és magyarázatot kért tőle. De Szudhámani nem akarta, hogy nagyanyja megtudja, hogy ő bárkin is segített. Tartott tőle, hogy akkor nagyanyja elmegy majd, és veszekedni kezd a szegény családdal, akik szégyenkezni fognak emiatt. Ezért inkább – hogy megvédje őket – egy szót sem szólt. Nagyanyja azt hitte, biztosan eladta a rizst, hogy édességet vegyen a pénzen, így hát megbüntette az unokáját. Más alkalmakkor is előfordult, hogy nagyanyja észrevette, hogy hiányzik a rizsből. De bármennyire is megbüntette a kislányt, az sohasem vallotta be, hogy mi történt.

Szudhámanit boldoggá tette, hogy nagyanyja is szereti Krisnát. A ház egyik szobájában az Úr nagy képe függött. Amikor csak egy szabad pillanata adódott a kislánynak, a képhez sietett, és megállt előtte. Szudhámani nagybátyja nagyon szerette őt, és amikor látta, hogy a kép előtt áll és énekel, odavitt neki egy széket, hogy üljön le. De a kislány nem akart leülni. A képre mutatott, és így szólt: „Nézd, bácsikám! Krisna áll, akkor én hogyan ülhetnék le?" Szudhámani számára nem egy papírra festett kép volt ez – a valódi, hús-vér Krisna állt előtte.

Nagyanyja szomszédjait elbűvölték Szudhámani dalai. Gyakran átjöttek hozzá, csak hogy hallják őt énekelni. Áhítat töltötte el a szívüket, amikor szerzeményeit hallották. Lassanként maguk is megtanulták a dalokat, és ők is énekelték azokat saját púdzsászobáikban.

Telt-múlt az idő, s eljött a következő esztendő, Szudhámanit pedig nagynénjéhez küldték dolgozni. Mint általában mindenütt, itt is rengeteg teendője volt. Unokatestvérei szégyenletesnek érezték, hogy bármilyen házimunkát végezzenek. Az idősebb unokatestvérek nem hittek Istenben, és amikor csak alkalmuk nyílt rá, könyörtelenül gyötörték a kislányt Krisna iránti szeretete miatt. Megpróbálták rávenni, hogy hagyja abba az éneklést. Amikor ezt sikerült elérniük, ő kezébe rejtette az arcát, és keserves sírásra fakadt. Azt ugyan el tudták érni, hogy ne énekeljen többet, de az Úr iránti szeretetét nem vehették el tőle.

Az is Szudhámani feladatai közé tartozott, hogy unokatestvéreit a lagúnákon keresztül átvigye az iskolába. Amikor a gyerekek beültek a keskeny, fából készült csónakba, ő annak farában állva egy hosszú bambuszpóznával átirányította a csónakot a vízen.

Mivel sokszor hirtelen, minden figyelmeztetés nélkül elmerült az isteni boldogságban, olykor veszélyes helyzetekbe került.

Egy nap befejezte munkáját – éppen rizst hántolt –, és volt némi szabadideje. Kis csónakba szállt, és evezni kezdett a lagúnákban, rendkívül élvezve az őt körülvevő természet szépségét. A csónakot nyaldosó kis hullámok úgy csillogtak, mint a színezüst, az eget pedig kékesszürke felhők borították. A kislány szívét öröm töltötte el a felhők láttán, mert, mint általában, színük kedves Urára emlékeztette. Egyszer csak elméje teljesen elmerült Őbenne. Az egész eget Krisna töltötte be. Szudhámani elfelejtette, hogy a csónakban ül, tudomást sem vett a külvilágról, sőt még önmagáról sem. Egész lényét leírha-

35

tatlan öröm és üdvösség töltötte el. Az evezők kiestek a kezéből, és ahogy a kis csónak ide-oda sodródott a vízen, ő mozdulatlanul ült, mint egy szobor, az üdvös boldogságba merülve.

Hirtelen egy nagy, száguldó motoros hajó jelent meg a lagúnában. Utasokat szállított, és egyenesen Szudhámani kis csónakja felé tartott! A kapitány valószínűleg nem vette észre a kis csónakot, de az utasok közül néhányan igen. Sikoltoztak és kiabáltak, hogy felhívják magukra a lány figyelmét. Szudhámani azonban boldogan időzött Krisna dicsőséges világában. Nem hallott semmit, nem látta a hajót, fogalma sem volt arról, hogy mi történik. A parton álló emberek egy csoportja is megpróbálta figyelmeztetni őt. Kiáltoztak, és köveket dobáltak a vízbe Szudhámani közelébe. De az Úr nem engedte, hogy bármi történjen a kislánnyal, akinek elméje teljesen Rá összpontosított. Éppen mielőtt az utasszállító hajó nekiütközött volna a kis csónaknak, és darabokra zúzta volna, Szudhámani hirtelen tudatára ébredt a külvilágnak. Homályosan megértette, hogy veszélyes helyzetbe került, és az utolsó pillanatban sikerült csónakjával kitérnie a nagy hajó útjából.

Amikor Szudhámani már egy éve dolgozott nagynénje házában, elküldték, hogy attól kezdve anyja bátyjánál és annak feleségénél segédkezzen. Kezdetben nagyon meg voltak vele elégedve, mert keményen dolgozott, és mindent kifogástalanul végzett.

Számos szegény muszlim család élt a környéken. Sokuknak még annyi ennivalójuk sem volt, hogy megetessék a gyermekeiket. Szudhámani nem bírta elviselni szenvedésük látványát, így hát minden általa feleslegesnek ítélt ruhát, élelmet és egyebet elvitt nagybátyja házából, és titokban a szűkölködőknek adta. Amikor a házigazdák felfedezték, hogy mit tett, nagyon megverték. Onnantól kezdve ki nem állhatták Szudhámanit, és igen kegyetlenül bántak vele. Végül Szudhámaninak betelt a pohár, otthagyta őket, és hazatért.

Hamarosan minden rokona tudomást szerzett arról a szokásáról, hogy ételt és ruhát visz a szegényeknek. Sokan tartottak attól, hogy ha elmegy hozzájuk, az ő tulajdonaikat is elosztogatja. Most már szinte látni sem akarták, sőt azt sem engedték meg neki, hogy a lábát betegye a házukba. Szudhámaninak ennélfogva nem kellett többé a rokonainál dolgoznia.

Negyedik fejezet

Vágyódás Krisna után

zudhámani tizenhat éves volt, amikor visszatért otthoná-
ba. Újra rá hárultak a ház körüli munkák – s ő mindezt
az Úrnak dalolva és az Ő nevét ismételgetve végezte.
Minden szabad pillanatát meditációval töltötte. Mély odaadása és
Isten utáni sóvárgása miatt gyakran patakzottak a könnyei munka
közben is.

Damajanti rendkívül kínosan érezte magát, mivel lányának ilyen
rossz híre lett a rokonok között. Emiatt még csúnyábban bánt
vele, mint korábban, bármilyen tökéletesen is végezte Szudhámani
a dolgát.

A kislánynak igen kevés ruhája volt. Testvérei bővelkedtek a
szebbnél szebb ruhákban, de ő ritkán kapott bármit is. Egy nap
valaki színes blúzt adott neki, melyet ő örömmel felvett. Amikor
bátyja, Szubhagan észrevette, hogy új blúzt visel, azonnal megpa-
rancsolta, hogy vegye le. Ezután fogta a ruhát, és a kislány szeme
láttára meggyújtotta, sőt még kiabált is vele: „Csak azért hordod
ezeket a tarka ruhákat, hogy magadra vond a figyelmet!"

Egy nap Damajanti megbüntette Szudhámanit, mert kölcsön-
vette nővére sárga kiskabátját. Szudhámani erre úgy határozott,
hogy ezentúl csak olyan öltözéket hord, amelyet Istentől kapott.
Vagyis csak ócska, elnyűtt ruhát vesz fel, amelyet az emberek már
eldobtak, mert nincs többé szükségük rá. Szakadt, lyukas ruhákat
talált, de valahogy sikerült rendbe hoznia őket egy régi lenvászon
kibomlott szálai segítségével.

Szubhagan nem engedte meg Szudhámaninak, hogy vele egy-korú lányokkal barátkozzon, mert úgy tartotta, hogy rossz hatással lennének rá. Amikor Szudhámani a falu kútjára ment vízért, szólni sem mert a lányokhoz, hiszen ha bátyja tudomására jutott volna, rettenetesen elverte volna, ha hazaér. Így hát annak ellenére, hogy Szudhámani tizenéves volt, még mindig csak kisgyerekekkel játsz-hatott. Ő azonban a legkevésbé sem bánkódott emiatt, mert imádta a gyerekeket, és amikor nem velük volt, akkor leginkább egyedül szeretett lenni az Úrral.

Szudhámani igen kedves és szeretetreméltó teremtés volt, s ezért mindig gyerekek vették körül. Szinte mágnesként vonzotta őket. Amint a gyerekeknek alkalmuk nyílt rá, szaladtak hozzá játszani, és boldogan követték, amikor elindult, hogy leveleket gyűjtsön a kecskéknek. Valahányszor Szudhámani felmászott egy fára levele-ket tépkedni, gondolkodás nélkül a fuvola hangját kezdte utánozni – Krisna fuvolájáét. Úgy érezte, hogy ő maga Krisna, a kisfiúk és kislányok pedig a vrindávani gópík és gópák, vagyis tehenészlányok és -fiúk. Amikor végzett a munkájával, nagyon szeretett hancúrozni kis barátaival. Jeleneteket játszottak el együtt Krisna gyermekkorá-ból, és az általa írott dalokból énekeltek az Úrhoz. A szeretet erős köteléke alakult ki közöttük, és a gyerekek nem akartak távol lenni tőle. Olyan boldogok voltak a jelenlétében!

Szudhámani felfigyelt arra, hogy néhány szomszédjuk varrónő-ként keresi a kenyerét. Úgy döntött, hogy ő is varrásleckéket vesz. Az az ötlete támadt ugyanis, hogy megtanul varrni, és akkor elég pénzt keres ahhoz, hogy segíthesse a szegényeket. Szülei először hallani sem akartak róla, de Szudhámani nem adta fel egykönnyen.

41

Addig kérlelte őket, míg be nem adták a derekukat. Így hát mindennap néhány órára a varróiskolába ment, melyet a közeli templom működtetett. A tanórákat a templom melletti műhelyben tartották.

Miközben a többi lány fiúkról, filmcsillagokról és a divatról pletykált, Szudhámani egymagában ült, varrt, és szeretett Krisnájának énekelt, de olyan átéléssel, hogy a könnyei gyakran hulltak a varrógépre is. Noha a pap keresztény volt, mélyen megindította Szudhámani Ura iránti odaadása, és a lány nagyon belopta magát a szívébe. Időnként Szudhámani fogta kézimunkáját, és a temetőbe ment vele. Ott üldögélt, mert olyan csend és nyugalom honolt a sírok között! Beszélgetett az elhunytak lelkével, megkérdezte tőlük, hogy boldogok-e, és szent dalokat énekelt nekik, hogy nyugalmat találjanak. Olykor-olykor bement a templomba, és megállt a keresztre feszített Jézus Krisztus előtt. A szobor látványa mélyen megrendítette. Egy nap, ahogy ott állt és nézte, úgy érezte, hogy Krisztus és Krisna egy és ugyanaz, majd a szamádhi állapotába merült. Amikor újra tudatára ébredt a külvilágnak, Jézus Krisztus és Krisna hatalmas önfeláldozására és rendkívüli szeretetére gondolt. Könnyekben tört ki: „Ők mindent feláldoztak a világ érdekében! Az emberek ellenük fordultak, de ők szerették azokat, akik gyűlölték őket. Ha ők meg tudták ezt tenni, akkor biztosan én is képes vagyok rá!"

Szudhámani könnyen tanult, és hamar elsajátította a varrást. Amikor befejezte az iskolát, a pap szomorúságában sírva fakadt. Azt mondta a lány öccsének, Szatísnak: „Meglásd, Szudhámani sokra viszi még!"

Nemsokára Szudhámani varrni kezdett a falubelieknek. A kis pénzt, amelyet keresett, a szegények megsegítésére költötte.

Néha éjszaka Szudhámani kiment a házból, és a holdat meg a csillagokat nézte. Így szólt hozzájuk: „Ó, barátaim, láttátok az én Krisnámat? Lágy szellő, megcirógattad Őt? Ó, csendes hold és ragyogó csillagok, ti is Krisnát keresitek? Ha megtalálnátok, kérlek, mondjátok meg Neki, hogy Rá várok, és látni szeretném Őt!" Éjjel-nappal az Úron meditált, Neki énekelt, Hozzá imádkozott, és a nevét ismételgette. Gondolatai egy pillanatra sem hagyták el kedves Krisnáját.

Végül eljött a nap, amikor Krisna megjelent előtte. Először a pajkos, szeretetreméltó kisbabaként jelent meg, akit Kannának is hívnak. Majd kicsit idősebb korában látta Őt, Gópálaként, az isteni tehénpásztorként, pávatollal a hajában, fuvolával a kezében. Végül meglátta a dicsőséges Krisnát – szíve Urát. Szudhámani megittasodott az örömtől. Bezárkózott a púdzsászobába, és órákig táncolt az istentudatosság üdvös boldogságában.

Ezután Szudhámaninak még számos csodálatos Krisna-látomásban volt része. Amikor csak sétálni ment, azt látta, hogy az Úr mellette lépdel. Krisna gyakran éjjel jelent meg neki; incselkedett vele a maga kedves, pajkos módján, és megnevettette. Az isteni fuvolajátékos kézen fogta őt, és illatos virágszirmokból készült szőnyegen táncolt vele. Máskor magasan a felhők fölé emelte, s más világokat és számos csodálatos dolgot mutatott neki.

Szudhámani most azt tapasztalta, hogy a természetben minden Krisna. Amikor esett az eső, úgy hallotta, az esőcseppek az Óm hangot zengik, mire ő boldogan énekelt a zápor aláfestő zenéjére. Krisnát látta minden egyes esőcseppben. Nem tudta rávenni magát, hogy akár egyetlen virágot is leszakítson, mert minden virág Krisna volt, és nem akart fájdalmat okozni Neki. Amikor a szél fújt, úgy érezte, Krisna cirógatja. Séta közben a talaj nem volt más, mint Krisna – minden egyes homokszem Krisna volt. De egyre inkább úgy érezte, hogy nincs különbség közte és Krisna között. Úgy tartják, az ember azzá lesz, amire gondol. Ekképpen – mert Szudhámani Krisna iránti szeretete és vágyódása olyan izzó volt, s mert a gondolatai mindig körülötte forogtak – fokozatosan magává Krisnává vált, eggyé olvadt Vele. Erről azonban egy darabig senki sem szerzett tudomást. Jóllehet külsőleg ugyanannak a falusi lánynak tűnt, mint korábban – nagyon hosszú és hullámos fekete hajú, gyönyörű arcú, a szeretettől szokatlanul ragyogó szemű kicsi és vézna teremtésnek –, belül már eggyé vált az Úrral.

Ötödik fejezet
Krisna-bháva

mikor Szudhámanit felnőtt korában megkérdezték, hogyan volt képes olyan fiatalon felismerni valódi Önmagát, így felelt: „Kisgyermek koromtól kezdve teljes szívemből szerettem Isten nevét. Annyira szerettem, hogy minden egyes lélegzetvételemmel Krisna nevét mondtam, újra meg újra meg újra. Akárhol voltam, és bármit tettem, figyelmem mindig az Úrra irányult. Annak számára, aki el akarja érni az Önfelismerés állapotát, óriási segítség, ha megvan benne a vágy, hogy mindig Istenre gondoljon, egyetlen pillanatnyi szünet nélkül."

Szudhámani ekkorra olyan közel került Krisnához, hogy ha véletlenül meghallotta Krisna nevét, elméje azonnal elmerült az Úrral való egyesülés állapotában, és minden másról elfeledkezett. Amikor csak lehetett, egyedül volt, a Krisnával való egység üdvét ízlelve. Egy nap Krisna így szólt hozzá: „Emberek ezrei és ezrei szenvednek a világon. Te és Én egyek vagyunk. Rengeteg művem vár még elvégzésre általad." Nem sokkal ezután történt, hogy Szudhámani felfedte Krisnával való egységét a világnak.

Egy késő szeptemberi délután, 1975-ben Szudhámani éppen befejezte a fűgyűjtést a teheneknek, és öccsével, Szatíssal hazafelé tartott. Hatalmas köteg füvet cipelt a fején. Szokása szerint isteni hangulatban volt, és menet közben énekelt. Amint a két fiatal elhaladt szomszédjuk háza előtt, Szudhámani hirtelen megtorpant. A szomszédok az udvaron ültek, és mint minden hónapban, Krisna életéről olvastak a *Srímad Bhágavatam* című szent iratból. Éppen az

48

Úr Krisna születésének körülményeinél tartottak, és a felolvasás után elénekeltek egy Krisnáról szóló himnuszt. Szudhámani mozdulatlanul állt, és figyelmesen hallgatta az éneket. Egyszer csak egy másik tudatállapotba került. A fű, amelyet cipelt, a földre hullott. A lány az udvar közepére szaladt, és megállt az emberek között. Karját felemelte, kezei pedig szent mudrákat formáltak. Szudhámani szívét isteni üdvösség töltötte el. Nem tudta többé eltitkolni Krisnával való egységét. Az emberek nagy megrökönyödéssel nézték, amint arca hirtelen megváltozik, és Krisna dicső, ragyogó arca tűnik fel előttük – maga az Úr jött el közéjük! Szudhámani Krisna-bhávában, Krisna isteni hangulatában volt. Megkérte az egyik jelenlévőt, hogy hozzon egy kis vizet. A kapott vizet ezután megérintette, majd az emberekre hintette szentelt vízként.

Szudhámani átalakulásának híre futótűzként terjedt a faluban, és hamarosan nagy tömeg gyűlt össze az udvaron. Ám a jelenlévők közül nem mindenki hitt benne. Ők úgy gondolták, hogy Szudhámani csak eljátssza az egészet. Azt mondták neki:

– Ha valóban Krisna vagy, bizonyítsd be valamilyen csodával! Máskülönben hogyan hihetnénk neked?

Először Szudhámani visszautasította kérésüket:

– Nem akarom, hogy azért higgyenek bennem, mert csodákat teszek. Nincs bennem késztetés arra, hogy csodákat tegyek. Arra szeretném ösztönözni az embereket, hogy higgyenek Istenben, és hogy Isten felismerésére vágyakozzanak. Nem a csodák alkotják a spiritualitás legfontosabb részét. Ezenkívül ha most csodát teszek, hamarosan azt fogjátok kívánni, hogy mutassak be egy másik csodát is. Újra meg újra ezt fogjátok kérni tőlem. Nem azért jöttem a világra, hogy vágyakat gerjesszek, hanem azért, hogy elpusztítsam a vágyakat. A valódi kincs bennetek van, miért akarnátok hát utánzatot? Igaz Önmagatok bennetek van, de tudatlanságotok elrejti előletek. A kételkedők azonban nem adták fel:

– Ígérjük, hogy nem fogunk megkérni többé erre.

Végül Szudhámani beleegyezett:

– Csak ezt az egy csodát fogom tenni, hogy higgyetek. De soha többé ne gyertek hozzám ilyen kívánsággal! Azok közületek, akik kételkednek, jöjjenek el, amikor legközelebb a *Srímad Bhágavatam*ot olvassák.

A következő alkalommal, amikor a szomszédok a *Srímad Bhágavatam*ot olvasták, hatalmas tömeg gyűlt össze az udvaron. Olyan sokan voltak, hogy többen a kapun kívül rekedtek. A jelenlévők között hívők és hitetlenek egyaránt voltak. A hitetlenek közül néhányan a fákra, sőt a környező háztetőkre másztak fel, mivel onnan jól láttak mindent, ami az udvaron történt. Azt gondolták, hogy hamarosan be tudják majd bizonyítani, hogy Szudhámani csak eljátssza az egészet, és egyáltalán nem is szent. Nevetségessé akarták tenni őt.

A szomszédok udvarán Szudhámani megint a Krisna-bháva állapotába került. Ezután megkérte a leginkább kétkedők egyikét, hogy hozzon egy korsó vizet. Ugyanúgy, mint a legutóbbi alkalommal, szentelt vízként az emberekre hintett a vízből, majd azt mondta ugyanannak az embernek, aki az edényt hozta, hogy mártsa az ujjait a maradék vízbe. Az így is tett, és azt látta, hogy a víz színtiszta tejjé változott! Szudhámani mindenkinek adott egy kicsit a tejből praszádként, Isten szent ajándékaként.

Ezt követően másvalakit hívott oda, aki szintén nem hitt benne, és megkérte, hogy mártsa az ujjait a korsóba. És lám! A korsóban maradt tej pancsámritának nevezett édes pudinggá változott! Amikor mindenki látta, hogy mi történt, végre megértették, hogy valóban az Úr Krisna áll előttük, és kiáltozni kezdtek: „Ó, Isten! Ó, Isten!" Bár a pancsámritából több mint ezer ember kapott, utána a korsó még mindig tele volt! A pancsámrita édes illata napokig az emberek kezén maradt. Ez az esemény nagy hatással volt számos falubelire. Meg voltak győződve róla, hogy Szudhámani nem olyan, mint a többi ember, és megértették, hogy egy mahátmával, nagy lélekkel állnak szemben.

Évekkel később Szudhámani így beszélt a Krisna-bháva kezdeteiről: „Mindenkiről tudtam mindent. Teljesen tudatában voltam, hogy én magam voltam Krisna, mégpedig nemcsak a Krisna-bháva alatt, hanem máskor is. Amikor láttam az embereket, és tudomást szereztem szenvedéseikről, szívből sajnáltam őket. Ismertem minden ember gondját-baját, már mielőtt beszámoltak volna róla."

Onnantól fogva Szudhámani gyakran merült Krisna-bhávába a tengerparton. Eleinte, amikor ebben az állapotban volt, egy parton nőtt banjanfa ágára feküdt. Ez az ág nagyon vékony és törékeny volt, de mégsem tört el egyszer sem, mert Szudhámani olyan könnyűvé tudta változtatni magát, mint egy tollpihe.

A szent hely valóságos második Vrindávanná, az Úr Krisna otthonává vált. A Krisna-bhávák alatt a követők Szudhámani előtt ültek, és himnuszokat énekeltek Krisnához, mialatt Szudhámani megáldott mindenkit, aki csak elébe járult. A légkört isteni öröm töltötte be.

A csodálatos Krisna-bháva híre gyorsan terjedt. Mindenfelől jöttek az emberek, egész Kéralából és India különböző részeiről, hogy láthassák őt. Sok szenvedő segítség reményében érkezett. Voltak betegek, voltak koldusszegények, mások pedig másfajta gondokkal jöttek. De bármi is volt a problémájuk, mindannyian úgy találták, hogy az rejtélyes módon megoldódott Szudhámani jelenlétében.

Azok az emberek, akik hozzá jöttek, imádták és Istenként tisztelték őt, de ő olyan alázatos maradt, hogy egy pillanatig sem gondolta magáról, hogy bármilyen szempontból is kiváló lenne.

Azokon a napokon, amikor nem volt Krisna-bháva, tovább végezte a ház körüli munkákat, és gondját viselte családjának. De egyre nehezebb volt dolgoznia, mert gyakran az üdvös boldogság állapotába merült.

Szudhámani szülei úgy döntöttek, hogy ideje férjhez adni lányukat. Ő azonban határozottan elutasította a tervet, és esze ágában sem volt megházasodni. Szülei több fiatalembert is hívtak háztűznézőbe, ám ő tudomást sem vett róluk. Amikor egy férjjelöltet hoztak a házhoz, ő úgy tett, mintha őrült lenne. Sikoltozott, kiabált, és igyekezett a lehető legfélelmetesebbnek látszani, míg végül a fiatalember és családja annyira megrettent, hogy sietve távozott a helyszínről. Végül szülei felkerestek egy asztrológust, aki semmit sem tudott Szudhámaniról. Megnézte a horoszkópját, és azt mondta nekik, hogy a lányuk isteni lélek, és eszükbe ne jusson őt férjhez adni. Így történt, hogy szülei letettek arról, hogy kiházasítsák.

Hatodik fejezet
Szudhámani csodái

gyszer, amikor hatalmas tömeg gyűlt a banjanfához a Krisna-bhávára, hirtelen eleredt az eső. A közelben nem volt olyan hely, ahol az emberek meghúzhatták volna magukat a felhőszakadás elől, így továbbra is a fa mellett álltak, felkészülve arra, hogy csuromvizesek lesznek. Ám legnagyobb csodálatukra azt vették észre, hogy bár körülöttük csak úgy szakad az eső, egyetlen csepp sem esik oda, ahol ők állnak!

A parton egy mérges kobra tartotta rettegésben az embereket, különösen éjszakánként. A falusiak gyakran látták, és mindenki félt sötétedés után kimenni a tengerpartra. Néhányan a Krisna-bháva alatt odamentek Szudhámanihoz, hogy a segítségét kérjék.

Egyik este, a Krisna-bháva idején, a kobra hirtelen megjelent a banjanfánál. Amikor az emberek megpillantották, elrohantak, és tisztes távolból figyelték az eseményeket. Ám Szudhámani a félelem legkisebb jelét sem mutatta. Megragadta a kobrát, az arca elé emelte, és a kígyó gyorsan mozgó nyelvét a sajátjához érintette! Ezek után hagyta, hogy elmenjen. A kígyó tovasiklott, és a falusiak soha többé nem látták.

Egyszer úgy hozta a sors, hogy Tengeranya gyermekei, ahogy a halászokat nevezik, éhezni kezdtek, mert már több napja nem fogtak halat. A Krisna-bháva alatt Szudhámanihoz mentek a problémájukkal. Szudhámaninak megesett rajtuk a szíve. Néhány nappal később az üdvösség állapotában táncolt a tengerparton. A halászok legnagyobb örömére hatalmas halraj úszott egyenesen a part felé. A falu történetében soha azelőtt nem fordult elő, hogy a

56

halászok annyi halat fogtak volna, mint aznap. Három alkalommal is megesett, hogy Szudhámani a parthoz vonzotta a halakat, amikor a halászok segítségért fordultak hozzá. Ezt követően nem segített nekik többé ily módon, mert azt szerette volna, hogy valódi odaadást érezzenek Isten iránt, és ne csak akkor imádkozzanak, amikor halra van szükségük.

No és mit gondoltak Szudhámani szülei minderről? Megengedték lányuknak, hogy folytassa a Krisna-bhávát, mivel hittek benne, hogy Krisna valóban eljött hozzá és a részévé vált. Ám szerintük ez csak a Krisna-bháva alatt volt így, máskülönben Szudhámanit csupán egy őrült lánynak tartották. Nem voltak hajlandók elhinni, hogy lányuk minden pillanatban egy Krisnával, és hogy Szudhámani nagy lélek.

Szugunánandannak nem tetszett, hogy a Krisna-bhávát a tengerparton, közvetlenül az út mellett tartják. Nem érezte rendjén valónak, hogy lánya olyan helyen legyen, ahol mindenféle ember megfordul. Egyik éjszaka, a Krisna-bháva alatt igen zaklatott állapotba került emiatt. Szudhámani így szólt hozzá: „Akkor adj nekem egy másik helyet, ahol fogadhatom a követőimet. Ha nincs más, a tehénistálló is megteszi." Apjának tetszett az ötlet, és boldogan beleegyezett.

Szugunánandan újjáépítette az istállót. Lebetonozta a padlóját, és két részre osztotta. Középen, a belső tér feléig magasodó fallal választotta el a két területet: a teheneké volt az egyik, a másikon pedig egy kis templomot készíttetett Szudhámaninak. A templomban állva az ember átláthatott az alacsony falon keresztül a tehenekhez. Hogy tetszetőssé tegye, a templom falait fonott pálmalevelekkel borította be.

Szudhámani ezután a kis templomban tartotta a Krisna-bhávát. A követők gyönyörű pávatollas ezüstkoronát hoztak neki – Krisna koronáját –, s arra kérték, hogy viselje. Isteni hangulatában Szudhámani a templomban állt, egyik lábát egy zsámolyon nyugtatta, miközben az emberek egyenként beléptek a templomba, hogy megáldja őket. Arca isteni erőtől sugárzott. Éppen olyan volt, mint a pajkos Krisna, azzal az ellenállhatatlanul bájos csillogással a szemében. Gyakran ugratta és nevettette meg az embereket. Mindenki boldognak érezte magát a jelenlétében. Amint ott állt és darsant[1] adott, gyakran átnyúlt az alacsony falon, és kezét a másik oldalon álló egyik tehén hátán pihentette.

Szubhagan gyűlölte az új templomot. Ki nem állhatta húga furcsa Krisna-bháváját. A düh majd szétvetette, amikor látta, hogyan jönnek hozzá az emberek, és hogyan imádják.

A kis templomban volt egy olajmécses[2], melyet mindig meggyújtottak a Krisna-bháva alatt. Egy nap Szubhagan eltörte a mécsest, és a mécseshez használt összes olajat szétlocsolta. A következő Krisna-bháva előtt néhány követő bement a templomba, és észrevette a földön a törött mécsest. Ez volt az egyetlen mécsesük. Amikor Szudhámani belépett, a feldúltságukat látva megkérte őket, hogy menjenek le a tengerpartra, és hozzanak néhány kagylót. A kagylókat akarta olajmécsesként használni, de olaj sem volt több, anélkül pedig nem ég a mécses. Szudhámani arra kérte követőit, hogy

---

[1] Darsan: szent lényt látni vagy a jelenlétében lenni.
[2] A hindu templomokban és otthonokban az a hagyomány, hogy olajmécsest gyújtanak az oltár előtt. Ez a gyakorlat, melyet spirituális tevékenységek alkalmával végeznek, a sötétség eloszlatását szimbolizálja.

töltsék meg a kagylókat vízzel, majd tegyenek beléjük kanócot, és gyújtsák meg őket. Így is tettek – és csoda történt! Az „olajmécsesek" fényesen világítottak, s egész éjjel folyamatosan égtek, még így is, hogy a kagylókban olaj helyett víz volt!

Néhány nappal később az egyik követő, aki semmit sem tudott arról, ami történt, két új olajmécsest hozott, és odaadta azokat Szudhámaninak. Elmesélte, hogy álmot látott, amelyben valaki azt mondta neki, vegyen ajándékba két olajmécsest Szudhámaninak.

Azokon az éjjeleken, amikor nem volt Krisna-bháva, Szudhámani a csillagos ég alatt, a szabadban meditált. Gyermekkora óta szerette az éjszaka csendjét. Ilyenkor egyedül lehetett isteni állapotában, meditálhatott, és üdvösségben táncolhatott anélkül, hogy bárki is meglátta volna.

Volt azonban néhány falubeli, akik nem hittek Istenben, és nem szívelték Szudhámanit. Édesapja félt attól, hogy egyik éjjel odajönnek és bántalmazzák a lányát, amikor odakint meditál egymagában. Egyre jobban aggódott, míg végül így szólt Szudhámanihoz:

– Lányom, éjjelre be kellene jönnöd, és a házban kellene aludnod.

Mire Szudhámani azt válaszolta:

– Apám, nekem nincs otthonom. Jobban szeretek kint aludni. Isten mindenhol ott van; bennem és körülöttem mindenütt. Így hát nincs mitől félned! Ha bárki megpróbálna bántani engem, Isten megvédelmez majd.

Hetedik fejezet

Az Istenanya gyermeke

gy szép napon Szudhámani otthon üldögélt, egymagában. Szeme nyitva volt, de nem nézett a szobában semmire. A Legfelsőbb Igazságon meditált. Hirtelen ragyogó, vörös fénygömb jelent meg előtte. Színében a legcsodálatosabb naplementére emlékeztetett, csak sokkal fényesebb volt. Bár a fény tündökölt, kellemes és lágy volt, mint a holdfény. E csodálatos fény előtt az Istenanya jelent meg Szudhámaninak. Gyönyörűbb volt, mint bárki, akit azelőtt látott. Fején fénylő koronát viselt. Végtelen szeretettel nézett Szudhámanira, és rámosolygott. Majd amilyen hirtelen jött, el is tűnt. E csodás látomás olyan izgatottá tette Szudhámanit, hogy felkiáltott: „Ó, Krisna, Anyám jött el! Kérlek, vigyél el Hozzá! Anynyira szeretném megölelni Őt!" Abban a pillanatban Krisna jött el hozzá, felemelte, és más világokba vitte. Szudhámani különös és csodálatos dolgokat látott – ám az Istenanyát sehol sem találta. Úgy kiáltozott, mint egy kisgyermek: „Anyámat akarom látni! Hol van Anyám?" – s amikor nem találta, sírni kezdett.

Ez után az élmény után Szudhámani hosszú ideig eksztatikus állapotban volt. Erős vágyat érzett arra, hogy újra láthassa az Istenanyát. Látni akarta Anyja gyönyörű arcát és szerető mosolyát. Az Istenanya szeretete leírhatatlan volt, s olyan káprázatos fényt árasztott magából, hogy Szudhámanit teljesen elbűvölte. Attól kezdve semmi másra nem tudott gondolni, csak Anyjára. Szíve lázasan sietett az Istenanyához.

Szudhámani továbbra is tartott Krisna-bhávákat a kis templomban, de ezen túl minden pillanatát az Istenanya fölötti meditációval töltötte. Szívében éjjel-nappal az Őiránta való vágyakozás tüze égett. A Krisna-bhávák közti napokon mindeddig segített a ház körüli teendők elvégzésében. Most azonban elméje oly mértékben az Istenanyára összpontosult, hogy semmilyen szokványos munkát nem volt képes elvégezni. Még magáról is alig tudott gondoskodni; nem volt képes enni sem rendesen, és sok-sok hónapon keresztül tulszíleveleken[1] és vízen élt.

Szudhámaninak az volt az érzése, hogy az Istenanya mindenhol ott van körülötte, hasonlóképpen ahhoz, amint korábban Krisna jelenlétét érezte mindenütt. Az egész föld az ő Anyja volt, a szél pedig Anyjának lélegzete. Céltalanul bolyongott, és a fákhoz, virágokhoz, madarakhoz és állatokhoz beszélt. A földre feküdt, és ide-oda hempergett, mint egy kisgyermek, miközben azt kiáltozta: „Anya! Anya! Hol vagy? De hiszen Anyám, Te mindenhol ott vagy… Akkor van-e hely, ahol ne lennél ott?"

Egyik nap éppen befejezte meditációját a templomban, amikor hirtelen az az érzés töltötte be a lényét, hogy a természetben minden az ő Anyja, ő maga pedig egy kisgyermek – az Istenanya gyermeke. Kisbaba módjára úgy mászott ki a templomból, egyenesen egy kókuszpálmafához. A fa mellett ülve sírni kezdett: „Anya! Anya! Miért rejtőzöl előlem? Tudom, hogy ebben a fában bújtál el! A virágokban és a növényekben vagy! A madarakban és az állatokban! Az egész világ te vagy! Ó, Anya, tudom, hogy az óceán hullámaiban bujkálsz,

---

[1] A tulszí a bazsalikommal áll rokonságban, és Krisna szent növényének tartják.

és a szélben! Anya, nem talállak!" Hirtelen azt érezte, hogy szeretett Anyja ott van vele. Odabújt hozzá, és szorosan átölelte. Szudhámani nem tudta, hogy a pálmafát öleli.

Olykor a földön feküdt, és az eget kémlelte. A sötét viharfelhők többé már nem Krisnát juttatták eszébe, hanem Anyja hosszú, göndör haját látta az égen hullámozni. Tiszta napokon a nap volt Anyja gyönyörű, sugárzó fénye. Az égen minden az Istenanyára emlékeztette. Némelykor éjszaka, amikor a földön feküdt, és a holdfényes, tündöklő csillagokkal teli tágas égboltra tekintett, úgy érezte, hogy az egész ég az ő Anyja. Amikor így a földön feküdt, sohasem aludt, hanem imádkozott, és Anyja után sírt. Folyamatosan hullottak a könnyei, mert eggyé akart válni Anyjával. Belé akart olvadni úgy, ahogy az óceánba hulló esőcsepp egy lesz az óceánnal.

Szudhámaninak volt egy mantrája[2], amelyet folyamatosan ismételgetett. Ezt nem egy gurutól kapta, hanem saját maga alkotta. Így hangzott: „Ammá, Ammá, Ammá…" (Anya, Anya, Anya…) Soha egyetlen lépést sem tett volna a mantra ismétlése nélkül. Ha véletlenül elfelejtette kimondani, azonnal visszalépett egyet, és azt mondta: „Ammá." Csak ezután indult tovább. Időnként lement a lagúnákhoz, hogy ússzon egyet. Mielőtt belemerült a vízbe, mindig előre eldöntötte, hogy hányszor kell elismételnie a mantráját, mielőtt feljön a felszínre. Ha megesett, hogy egyetlen pillanatra is elfeledkezett az Istenanyáról, az nagyon felkavarta, és megbánta tettét: „Anya,

---

[2] A mantra lehet Isten neve, vagy állhat néhány szent szóból, amelyet minden nap többször elismételnek, függetlenül attól, hogy az ember éppen milyen tevékenységet végez. A mantra folyamatos ismétlésével a benne rejlő spirituális erő felébred, és az ember végül eléri az Istennel való egység állapotát.

annyi időt elvesztegettem!" Hogy behozza az eltékozolt időt, aznap tovább meditált. Ha kihagyott egy meditációt, az egész éjszakát a szabadban töltötte, fel s alá sétált, és a mantráját ismételgetve így imádkozott: „Anya, mi értelme ennek az életnek, ha nem vagyok képes rajtad meditálni? Ó, Anya, adj erőt nekem! Hadd lássalak Téged! Hadd egyesüljek Veled!"

Ha valaki beszélni kezdett hozzá, azt képzelte, hogy az Istenanya áll előtte. Az illető addig mondta a mondandóját, amíg rá nem ébredt, hogy Szudhámani valamilyen rejtélyes módon átsiklott egy másik világba.

Reggelente, amikor elkezdte mosni a fogát, gyakran nem tudta befejezni, mert elméje hirtelen az Istenanyához röppent, és teljesen elfeledkezett arról, hogy mit is csinált éppen. Ekkor órákba telt, mire újra tudatára ébredt az őt körülvevő világnak. Még bonyolultabb volt számára a fürdés. Amikor a fürdőszobába lépett, rájött, hogy kint felejtette a törülközőjét. Amikor viszont érte ment és bevitte, észrevette, hogy nincs nála szappan vagy valami egyéb dolog. Ekkor azt gondolta: „Anya, csak vesztegetem az időmet, hogy megpróbáljak lefürödni! Hadd legyen inkább mindig veled az elmém! Olyan szomorú vagyok, amikor elfeledkezem Rólad, akár csak egy másodpercre is!" Erre aztán úgy döntött, hogy inkább a fürdésről feledkezik meg. Leült a fürdőszoba padlójára, és hamarosan a mély meditáció állapotába került. Órákkal később a családból valaki úgy talált rá, hogy még mindig ott ült. Egy vödör hideg vizet öntöttek a fejére, hogy kihozzák a meditációból. Így aztán egy csapásra a fürdésen is túlesett! Ha a hideg víz nem segített, akkor jó erősen megrázták. Olyan is előfordult, hogy úgy kellett kivinni őt a fürdőszobából.

Szudhámani azonban mindennél jobban szeretett az éjszaka közepén lemenni a tengerpartra és ott meditálni, amikor minden csendes és békés volt. A parthoz csapódó hullámok végtelen dalukat zengték: „Óm... Óm... Óm..." A sötétkék égen csak úgy szikrázott a milliónyi pislákoló csillag, s minden az Istenanyára emlékeztette őt. Egyetlen pillanat elég volt számára, hogy a mély meditáció állapotába kerüljön, s elméje elégedetten nyugodjon el a világegyetem gyönyörű Anyjának ölében.

Ilyen éjszakákon, mikor apja a keresésére indult, egyre nyugtalanabb lett, ha nem lelte a házban vagy odakint lányát. Végül a parton kereste, és általában mély meditációban találta – mozdulatlanul ülve, mint egy kőszikla.

Mivel képtelenek voltak megérteni őt, családja továbbra is azt hitte, hogy nem több őrült lánynál, noha valójában a legmagasabb önátadás állapotában időzött. Úgy vágyott az Istenanyára, mint ahogy az vágyik a levegőre, akit a víz alá nyomnak. A saját életénél is jobban szerette az Istenanyát.

Szubhagan változatlanul nagyon csúnyán bánt Szudhámanival. Egy nap, amint húga éppen a házba tartott, elállta az útját az ajtóban, és kiabálni kezdett: „Megtiltom, hogy belépj ebbe a házba! Csak ha abbahagyod azt a szégyenletes táncolást és éneklést, akkor engedem meg, hogy újra bejöhess." Mivel Szudhámani úgy gondolta, hogy minden, ami vele történik, az Istenanya akarata, erről is így vélekedett. Egyetlen szó nélkül sarkon fordult, és leült az udvaron. Ám Szubhagan ráparancsolt, hogy oda se üljön. Szudhámani ekkor felvett egy marék homokot, s e szavakkal bátyja kezébe nyomta: „Ha ez a homok a tiéd, kérlek, mondd meg nekem, hány szem van benne."

Ettől kezdve Szudhámani kint élt a szabad ég alatt, egymagában. Éjjel-nappal az Istenanya után vágyakozott, ugyanúgy, mint eddig; semmi más nem érdekelte. Akár egy kisgyermek, akinek szeméből csak úgy patakzanak a könnyek, kinyújtotta karját az ég felé, mintha Anyjáért nyúlna, s közben zokogva esdekelt Anyjához, hogy jöjjön el hozzá. „Ó, Anya – kiáltotta –, hol vagy? Magamra hagytál, hogy belehaljak a vágyódásba? Te vagy az egyetlen reményem! Cserbenhagytál, mint a többiek? Nem látod, hogy mennyire szenvedek?"

Amikor a szomszéd gyerekek sírni látták, odamentek hozzá, és megkérdezték: „Kedves nővérkénk, miért sírsz? Fáj valamid?" Szorosan mellé ültek, s mert annyira szerették, és nem tudták elviselni, hogy sír, ők is zokogni kezdtek. Végül kitalálták, miért sír Szudhámani: mert az Istenanyát akarja látni. Ekkor a kislányok szárít vettek magukra, és úgy tettek, mintha ők lennének az Istenanya. Szudhámani megölelgette őket száríjukban. Nem gyerekeket látott bennük; maga az Istenanya jött el hozzá.

Szudhámani vágyódása az Istenanya iránt olyan erőssé vált, hogy többé már semmi másra nem tudott gondolni. Nem gondoskodott magáról, és nem figyelt semmire maga körül. Nem tudta, nappal van-e, vagy éjszaka. A mély meditáció állapotában feküdt a földön. Nem vette észre, ha tűzött a nap, vagy ha zuhogott az eső. Nem aludt, és soha nem jutott eszébe az étel.

Mint ahogy korábban gyakran a Krisna-bhávában időzött, Szudhámanit most egy kétéves gyermek bhávája jellemezte: az Istenanya gyermekéé. Úgy sírt Anyja után, mint egy kisgyermek. Máskor kacagott és tapsikolt. A földön hempergett, és megpróbálta átölelni a földet; a lagúnáknál a víz fodrait akarta megcsókolni. Folyamatosan azt kiáltozta: „Anya! Anya!"

Egy szép napon néhány követő érkezett látogatóba. A lagúnáknál találtak rá Szudhámanira a földön fekve, mit sem tudván a külvilágról. Elméje teljesen elmerült az Istenanyában. Haját és arcát homok borította, csak a véget nem érő könnypatak nyomai látszottak rajta. A követőket szíven ütötte, hogy ilyen állapotban látják. Apjához mentek, ám Szugunánandan hallani sem akart róla. A követőket elszomorította, hogy a családban senki nem gondoskodik Szudhámaniról. Bevitték a házba, és lefektették egy ágyra, nem tudván, hogy az Szubhagané. Megmosdatták, és megpróbálták visszahozni őt a külvilágba, de hiába. Ezek után magára hagyták, hogy kényelmesen pihenjen.

Amikor nem sokkal később Szubhagan hazatért, és húgát az ágyában találta, dührohamot kapott, és azt ordította: „Ki tette ezt az emberiség szégyenfoltját az ágyamba?" Olyan erővel rázta meg az ágyat, hogy az darabokra esett szét, ám Szudhámani ebből semmit sem vett észre. Békésen feküdt az ágy romjainak közepén. Később, amikor megtudta, mi történt, nem tett semmit, csak annyit mondott: „Bármi történik, az Isten akarata, és mindig a legjobbat szolgálja."

Másnap egy asztalos követő, aki mit sem tudott az előző nap eseményeiről, eljött Szudhámanihoz egy ággyal, egy asztallal és néhány székkel. Elmondta, hogy álmában az Úr Krisna jelent meg előtte, és azt parancsolta, vigye a bútorokat Szudhámaninak ajándékba.

Nyolcadik fejezet
Hűséges barátok

vadon élő madarak és a vadállatok erős vonzalmat éreztek Szudhámani iránt. Érzékelték Isten minden teremtményére kiáradó szeretetét, mely a legkisebb hangyától az emberig kiterjedt. Még a legfélénkebb állatok is ösztönösen bíztak benne, és egyáltalán nem tartottak tőle.

Most, hogy Szudhámani a szabadban élt, az állatok viselték gondját, és ők oltalmazták. Családja szinte teljesen magára hagyta, és ellenezte spirituális életét, az állatok azonban imádták – mindent elkövettek, hogy boldoggá tegyék, és a lehető legkényelmesebb életet biztosítsák számára. Nem számított, milyen idő volt, mindig mellette maradtak és védelmezték. Úgy tűnt, az állatok jobban megértik őt, mint korábban bárki más.

Szudhámani szeretett mindennap a kis templomban meditálni. Valahányszor csak kilépett a templomból, a család egyik tehene odament hozzá, és saját tejével akarta őt táplálni. Szudhámani azt gondolta, biztosan az Istenanya intézi ezt így. Kis borjú módjára ivott hát a tehén tőgyéből. A tehénnek köszönhetően soha nem kellett éheznie vagy szomjaznia. A tehén annyira szerette Szudhámanit, hogy addig nem volt hajlandó legelni vagy saját borját megetetni, amíg oda nem adta Szudhámaninak a napi tejadagját. Ez boszszantotta Szudhámani családját. A tehén mindennap odament a templomhoz, és türelmesen várt Szudhámanira. Szudhámani szülei többször megpróbálták elvinni onnan, de a tehén nem moccant. A farkánál fogva húzták-vonták, és vízzel locsolták, de bármit is tettek vele, nem tágított. Időnként, amikor a kedve úgy tartotta, játékosan rohangált a pálmafák körül – a dühös családdal a nyomában. Ám elkapni nem tudták. Mindig visszaszaladt Szudhámanihoz, hogy megetesse őt. S amint Szudhámani megkapta a neki járó tejet, a tehén boldogan hagyta, hogy elvezessék.

Szudhámani nagybátyja nagyanyja házának közelében élt. Egy nap azt vette észre, hogy egyik tehene kiszökött, és az óceán felé nyargal. A tengerparton hirtelen jobbra fordult, és teljes sebességgel ügetett tovább a parton, Szudhámani nagybátyjával a sarkában. A tehén olyan gyorsan rohant, hogy képtelenség volt elkapni. Végül hirtelen irányt változtatott, és a szárazföld felé, egyenesen Parajakadavu irányába vágtatott, ahol még soha nem járt azelőtt. Pontosan Idammanél házához sietett, amelynek udvarán Szudhámani ült meditációba merülve. A tehén odament hozzá, puha orrával kedvesen megcirógatta, és megnyalta. De Szudhámani mély meditációjában ebből semmit sem vett észre. A tehén ekkor lefeküdt a közelében, és áthatóan nézett rá, mintha arra várt volna, hogy befejezze meditációját. Egy idő után Szudhámani kinyitotta a szemét, és amint megpillantotta a tehenet, felkelt, majd odament hozzá. Abban a pillanatban a tehén felemelte egyik hátsó lábát, mintegy arra ösztökélve Szudhámanit, hogy igyon a tejéből. Szudhámani nagyon szomjas volt, és boldogan ivott. Nagybátyja, aki az egész jelenetnek szemtanúja volt, teljesen meg volt döbbenve. Azon a napon megértette, hogy Szudhámani nem mindennapi lélek.

A tehén többször is meglátogatta Szudhámanit, és minden alkalommal felajánlotta neki a tejét.

Szudhámanihoz még a kígyók is vonzódtak. Számos alkalommal megtörtént, hogy egy kígyó odament hozzá, és a testére tekeredett, amikor mély meditációba merülve ült a szabadban. Még mérges kígyók is jöttek, ám mindig barátságosak voltak hozzá, és soha nem bántották. Csupán a közelében akartak lenni.

A vadon élő madarak teljesen megszelídültek a jelenlétében. Különösen a vad papagájokat szerette, mert úgy tartják, ezek a madarak különleges kapcsolatban állnak az Istenanyával. Néha, amikor így imádkozott: „Ó, Anya, hát nem jössz el hozzám?", papagájraj jelent meg a levegőben és szállt le mellé. Egyszer az egyik követő egy fogságban élő papagájt ajándékozott Szudhámaninak, de ő nem bírta elviselni még a gondolatát sem annak, hogy egy élőlényt kalitkában tartsanak, ezért elengedte a papagájt. A madár azonban nem repült el, önszántából Szudhámanival maradt. Gyakran látták, ahogy körülötte játszadozik, s ilyenkor úgy tűnt, mintha táncolna. Egyszer, amikor Szudhámani az Istenanyához imádkozott, sírni kezdett. Hirtelen felnézett, és a papagájt látta maga előtt – ő is sírt. A madár átérezte Szudhámani szomorúságát, amely őt is elszomorította.

A papagájon kívül két galamb is igen szeretett Szudhámani közelében lenni. Amikor csak az Istenanyához énekelt, a két galamb és a papagáj odament hozzá, és megálltak előtte. Miközben Szudhámani énekelt, ők vidáman táncoltak: szétterjesztett szárnnyal ide-oda szökdécseltek.

A házhoz közeli pálmafa magas ágai között egy sasfészek rejtőzött, benne két fiókával. Egy nap valaki háborgatta a fészket, amely szétesett és lezuhant. A két sasfiók gyámoltalanul hevert a földön. Meggondolatlan kölykök kövekkel kezdték el dobálni és próbálták megölni őket, de azon nyomban feltűnt Szudhámani, és megmentette a kismadarakat. Épített számukra egy védett kis helyet, és gondosan ápolta őket. Néhány héttel később a kis sasok eléggé megerősödtek ahhoz, hogy repülni kezdjenek, és Szudhámani szabadon engedte őket. A fiókák hosszú ideig minden egyes Krisna-bháva elején megjelentek, és a templom tetejére telepedtek. A sast, Garudát, az Úr hátasállatának tartják. Most Szudhámaninak két Garudája is volt a Krisna-bhávák alkalmával. A követők szerették a sasokat, és buzgón keresték őket minden Krisna-bháva elején. Szudhámani gyakran annyira sírt az Istenanya után, hogy egyáltalán nem érzékelte a külvilágot. Amikor ez történt vele, a két Garuda odarepült hozzá, és leszállt mellé. Őrt álltak, mintha oltalmaznák.

Egyszer néhány környékbeli asszony járt arra, és megpillantották a földön eszméletlenül fekvő Szudhámanit, mellette a két Garudával, amint az arcát fürkészik. Megrökönyödve látták, hogy a sasok éppúgy könnyeket hullattak, mint az emberek. Annyira szerették Szudhámanit, hogy nem tudták elviselni a szenvedését.

Egy másik nap Szudhámani meditációja befejeztével nagyon megéhezett. Az egyik sas azon nyomban elrepült az óceán irányába, és néhány perc múlva a karmai közt egy kifogott hallal tűnt fel, amelyet finoman Szudhámani ölébe ejtett. Szudhámani olyan éhes volt, hogy nyersen megette. Ettől kezdve a sas minden áldott nap fogott neki egy halat. Ez hamarosan Damajanti fülébe jutott. Nem tetszett neki, hogy a lánya nyers halat eszik, így valahányszor meglátta a sast a napi felajánlásával, elkapta a halat, és megsütötte lányának. Ezt megelőzően, amikor Szudhámani Krisnát imádta, soha nem evett halat. Most azonban meg volt győződve róla, hogy maga az Istenanya küldte a sast, hogy hozzon neki ennivalót. A halra

75

szent ételként tekintett, amelyet az Istenanyától kapott, így megette.

A sas még ezután is sokáig fogott halat neki.

Egy macska szintén Szudhámanihoz szegődött. Mindig a Krisna-bháva alatt lépett be a templomba, és szabályosan körbejárta Szudhámanit, éppúgy, ahogy az emberek körbemennek a hindu templomok isteneket és istennőket ábrázoló képmásai körül. A macska ezt követően leült mellé, mit sem törődve a templomban lévő emberekkel. Hosszú ideig ült ott behunyt szemmel. Mindenki úgy gondolta, hogy meditál. Egyszer valaki megpróbált megszabadulni tőle úgy, hogy átvitte a lagúnák másik oldalára, és ott hagyta. Ám másnap a macska visszatért – valószínűleg átúszta a lagúnát –, és továbbra is Szudhámani közelében maradt.

Egy nagy fekete-fehér foltos kutya volt még Szudhámani hűséges barátja, aki imádta őt. Valahányszor Szudhámani annyira sírt az Istenanya után, hogy eszméletét vesztette, a kutyának majd megszakadt a szíve, és hangosan szűkölt. Szudhámanihoz dörgölőzött, és az arcát nyalogatta, úgy próbálta felébreszteni. Amikor Szudhámaninak valami miatt át kellett kelnie a lagúnákon, a kutya mindig nagyon nyugtalanná vált. Tiltakozásképpen rettenetesen ugatott, és Szudhámani szoknyáját rángatva megkísérelte őt visszatartani.

Időnként a kutya a szájában egy csomaggal érkezett, benne ennivalóval, s azt Szudhámani lába elé tette. Senki sem tudta, honnan származik a csomag. A kutya soha egy morzsát sem evett meg belőle. Éjszakánként Szudhámani mellett aludt. Amikor a lány a földön fekve az eget bámulta, fejét a kutya hátán nyugtatta, mintegy párnaként használva őt.

Ahányszor egy követő tisztelete jeleként leborult Szudhámani előtt, a foltos kutya kinyújtotta mellső lábait, és lehajtotta a fejét, mintha ő is leborulna. Amikor pedig Szudhámani az önátadás eksztázisában táncolt, a kutya boldogan ugrándozott le-föl körülötte, mintha ő is táncolna. Amikor csak megfújták a szent kagylókürtöt a templomban, a kutya vonítani kezdett, szinte teljesen ugyanolyan hangon, mint a kagylókürt.

Egyik éjszaka Szudhámani a lagúnák partján meditált, amikor apja éppen arra járt. Szudhámani teljesen mozdulatlanul ült. Olyan mély meditációban volt, hogy azt sem vette észre, hogy testét vastagon belepik a szúnyogok. Apja szólongatni kezdte, megpróbálta kihozni a meditációból, de Szudhámani elméje messze járt, így nem hallotta. Ekkor jó erősen megrázta – ahogy a családban már bevett szokássá vált. Ám akárhogy is rázta, nem tudta kizökkenteni őt a meditációból. Miközben rázta, legnagyobb meglepetésére azt vette észre, hogy lánya teste nem tűnik nehezebbnek egy vékonyka ágnál. Apja leült mellé. Nem sokra rá a foltos kutya odajött Szudhámanihoz, és ugatni kezdett, mintha próbálná magára vonni a figyelmét. Néhány perccel később Szudhámani kinyitotta a szemét, és visszatért a hétköznapi tudatállapotba. Úgy tűnik, az állatok mindig el tudták érni azt, hogy rájuk figyeljen, bármely világban járt is éppen.

A kutya annyira szerette Szudhámanit, hogy a lány időnként azt gondolta, a kutya maga az Istenanya. Ilyenkor Szudhámani úgy érezte magát, mint egy kisgyermek. Ölelgette és csókolgatta a kutyát, és így szólongatta: „Anya! Anya!"

Egyszer meditáció közben hirtelen rendkívüli nyugtalanság lett úrrá Szudhámanin. Felállt, és a faluba sietett. A sintér éppen az ő kutyáját fogta be, hogy elvigye és megölje. Az állat hangosan nyüszített; képtelen volt a sintér láncától szabadulni. Miközben a férfi maga után vonszolta, a kutya a négy lábával fékezte magát. Néhány falubeli kislány, akik nagyon szerették Szudhámanit, megismerték a kutyát, és odafutottak. Elmagyarázták a férfinak, hogy a kutya az egyik barátjuké, és könyörögtek neki, hogy engedje el, de ő rájuk sem hederített. Még pénzt is ajánlottak neki. Ebben a pillanatban ért oda Szudhámani. A kutya szánalomra méltóan nézett rá, és úgy könnyezett, mint egy ember! Ez már túl sok volt a sintérnek is. Világosan látta, mennyire szereti a kutya a lányt, és nem tehetett mást, szabadon engedte. A kutyát még néhányszor más sintér is befogta, de Szudhámaninak valahogy mindig sikerült az utolsó pillanatban megmentenie.

Egy napon Szudhámaninak az a határozott érzése támadt, hogy barátja, a foltos kutya hamarosan megbetegszik és meghal. Néhány nappal később így is történt. A kutya veszettséget kapott, de nem szenvedett sokat. Amikor Szudhámanit megkérdezték, szomorú-e amiatt, hogy elpusztult a kutyája, ő azt felelte: „Egyáltalán nem vagyok szomorú, mert bár meghalt, hamarosan visszatér hozzám." Nem sokkal később kijelentette, hogy a kutya lelke újra megszületett a közelben, de többet nem árult el.

Az, aki egy Istennel, Isten minden teremtményét szereti, kivétel nélkül, mivel mindenkiben tisztán látja Istent. Amikor az ember szíve isteni szeretettel és együttérzéssel van tele, az állatokat mágnesként vonzza magához. Vérszomjas oroszlánok és tigrisek olyanok lesznek a jelenlétében, mint a kezes bárányok, és a mérges kígyóknak még álmukban sem jutna eszükbe bántani őt. Isten minden teremtménye kedves barátja lesz. Ez történt Szudhámanival is, aki még az állatok nyelvét is értette. Amikor szóltak hozzá, mindent megértett.

Kilencedik fejezet
Az isteni üdvösség Anyja

zudhámani ekkorra már mindenben az Istenanya jelenlétét érezte maga körül, és Szeretett Anyját érzékelte, bárhová nézett. Átölelte a fákat, megsimogatta a virágokat, mert az Anyát érezte bennük. Beszélt hozzájuk, és megcsókolta őket. Amikor a szél a haját és a bőrét simogatta, úgy érezte, az Istenanya cirógatja, a föld pedig Anyja öle volt. A földön hemperegve próbálta megölelni Őt, máskor csak üres tekintettel bámulta az eget. Senki nem tudta, mit láthat. Azután hirtelen olyan üdvösség áradt szét benne, hogy egyszerre nevetett és sírt – megállíthatatlanul.

Mivel Szudhámani elméje állandóan az Istenanyán nyugodott, nem aludt, és alig evett valamit. Többé már a saját testéről sem volt képes gondoskodni, mert gondolatai egy másik világban jártak. Időnként evés gyanánt leforrázott tealeveleket, tehéntrágyát és más furcsaságokat vett magához, mert nem tudott különbséget tenni közöttük. Fogalma nem volt arról, hogy éppen mit eszik. Egy átlagember nem is lett volna képes ilyesmiket megenni komoly következmények nélkül, de Szudhámaniban – isteni állapota miatt – ezek egyáltalán nem tettek kárt.

Az Istenanya iránti odaadása a tetőpontjára hágott. Vágyakozása, hogy Anyját lássa, olyan méreteket öltött, hogy gyakran órákig sírt szakadatlanul, míg végül már nem bírta tovább, és teljesen elvesztette a külvilágra való tudatosságát.

Egy nap olyan szomorú volt, hogy felkiáltott: „Ó, Anya, nem bírom elviselni a Tőled való elválasztottság fájdalmat! Miért nem jössz el hozzám? Nem tudok élni nélküled!"

Sok évvel később visszagondolva ezekre az időkre azt mondta: „Testem minden pórusából a sóvárgás áradt; minden atomja a szent mantrától vibrált – egész lényem áradó folyóként rohant az Istenanya felé." Úgy érezte, szíve majd megszakad a vágyódástól, és felkiáltott: „Ó, Anya! Gyermeked annyira vágyik rád! Miért nem jössz el? Olyan vagyok, mint egy partra vetett hal. Hát nem törődsz velem? Mindenemet neked adtam. Nincs már más, mit odaadhatnék, csak az utolsó lélegzetem." Elcsuklott a hangja, és összeesett. Ha az Istenanya nem lehet az övé, nincs miért élnie. Mindent felajánlott az Anyának, amije csak volt, sőt még önmagát is, egész lényét. Most utolsó lélegzetét adta az Istenanyának. A légzése megszűnt. A halálán volt.

Ám ekkor hirtelen valami csodálatos dolog történt!

A Világegyetem Anyja mindenről tud, ami a gyermekeivel történik, és nem állt szándékában, hogy hagyja Szudhámanit meghalni. Ebben a pillanatban megjelent előtte. Úgy ragyogott, mint milliónyi nap együttvéve. Szudhámani öröme határtalan volt. Szívét leírhatatlan szeretet és üdvösség hulláma árasztotta el, s az isteni tudatosság magasságába emelkedett. Később írt egy verset, amely ezt az élményét próbálja leírni. A címe: *Az üdvösség ösvénye.*

Történt egyszer,
Hogy a lelkem táncolt az örömtől
Az Üdvösség ösvényén.
Arany álomban találtam magam,
S elmémet betöltötte
Mindaz, mi jó s nemes.

Az Istenanya fénylő, gyengéd kézzel

Megcirógatott, és én
Lehajtott fejjel csak annyit mondtam Neki:
Az életem Neked szentelem.

Ő mosolygott,
Isteni ragyogássá vált,
Majd belém olvadt.
Elmém virágként kitárult,
És a szivárvány minden színében tündökölt.

Láttam az egész világot,
És mindent, mi valaha is történt.
Láttam, hogy része vagyok mindennek,
S hogy minden a részem.
Elfordultam a világ céltalan örömeitől,
S feloldódtam az Istenanyában.

Az Anya így szólt: „Kérd meg az embereket,
Hogy soha ne felejtsék születésük okát!"
Ezért elmondom az egész világnak
– Különösen azoknak, kik a sötétségben tévelyegnek –
Az Igazságot, melyet az Anya jelentett ki:
„Gyermekeim, jöjjetek, és váljatok eggyé velem!"

Még ma is reszketek az örömtől,
Ahogy Anyám szavaira emlékezem:
„Ó, kedves gyermekem, jöjj Hozzám,
S hagyj hátra minden egyebet!
Te mindörökre Hozzám tartozol!"

Ó, Tiszta Tudatosság,
Ó, Igazság Megtestesülése,
Pontosan úgy teszek majd, ahogy mondtad!

Semmit sem tudok, ó, Anya.
Ha vétkeztem is,
Kérlek, bocsáss meg nekem!

Szudhámani végül eggyé vált az Istenanyával. Nem csak a víz-
csepp oldódott fel az óceán vizében – a csepp maga lett az óceán.
Többé már nem volt semmiféle különbség Szudhámani és az Isten-
anya között. Szudhámani maga volt az Istenanya.
Ezért mostantól kezdve „Anyának" fogjuk hívni őt.
Az Anya tudatában volt annak, hogy az egész világegyetemben
mindenütt jelen van. Később, amikor megpróbálta elmagyarázni
ezt az élményét az őt kérdező követőknek, azt mondta: „Megta-
pasztaltam, hogy az Istenanya hogyan létezik bennem különböző
formáiban, és ráébredtem, hogy nem vagyok tőle különböző vagy
különálló. Ekkor megláttam, hogy a Teremtés egésze parányi bu-
borékként létezik bennem."
Az Anya ekkoriban éjjel-nappal a szabad ég alatt tartózkodott,
egymagában, az Önmagára ébredés isteni üdvösségét élvezve.
Egy szép napon hangot hallott: „Gyermekem, én nemcsak egy
adott helyen vagyok megtalálható, hanem ott élek mindenkiben.
Nem azért születtél, hogy csupán az üdvösség állapotát élvezd.
Azért jöttél a világra, hogy segíts a szenvedőkön. Mától kezdve
imádj engem mindenkiben, és szabadítsd meg őket a szenvedéstől!"
Attól fogva a Krisna-bháván kívül az Anya a Déví-bhávában, azaz
az Istenanya formájában is megjelent. Ezen alkalmakkor színes szárít
és gyönyörű koronát viselt, és megengedte az embereknek, hogy
még többet láthassanak az Istenanyával, Dévível való egységéből.

Szíve csordultig telve volt szeretettel és együttérzéssel. Ahogy egy anya szereti a gyermekeit, a Szent Anya úgy szeretett mindenkit. Ám az ő szeretete határtalanul mélyebb és erősebb volt, mint egy hétköznapi anya szeretete. Amikor azt emberek felkeresték őt, és letérdeltek előtte, ő mindenkit átölelt. Emberek ezrei kezdtek özönleni hozzá. Ő megáldotta és megvigasztalta őket, s megszabadította őket a szenvedésüktől.

Tizedik fejezet
Bajkeverők

z Anya családja még mindig nem értette meg őt. Szörnyű dolognak tartották, hogy olyan sokan jönnek hozzá. Még az is megfordult a fejükben, hogy rossz hírbe hozza a családot, mert annyiféle emberrel érintkezik. Ez volt az oka, hogy bátyja, Szubhagan és néhány unokatestvére úgy határoztak, megölik. Egyszer felkeresték az Anyát, és azt mondták neki, hogy egy rokonuk szeretné látni. Ő velük is ment rokonuk házába, de senki nem volt otthon. Hazudtak neki. Bevitték a házba, és az egyik unokatestvére hatalmas kést vett elő a ruhája alól. Szubhagan azt mondta az Anyának: „Túl messzire mentél! Rossz hírbe hozod a családot. Nem hagysz fel az énekléssel és a táncolással, mindenféle ember társaságában forogsz, így jobb, ha meghalsz!"

Az Anya nevetve mondta: „Nem félek a haláltól. A testnek előbb-utóbb szükségszerűen vége. De sem te, sem bárki más nem ölheti meg valódi Énemet. Ha véget vettek ennek a testnek, elmondom az utolsó kívánságomat, amelyet kötelességetek teljesíteni. Azt kívánom, hogy hagyjatok egy ideig meditálni, és amikor elmerültem a meditációban, akkor megölhetitek ezt a testet."

Az Anya tökéletesen nyugodt volt. Leült, behunyta a szemét, és a mély meditáció állapotába lépett. Arca üdvösségtől ragyogott. A férfiakat annyira megdöbbentették szavai és békés, ragyogó arca, hogy egy szót sem tudtak kinyögni.

Hirtelen az az unokatestvére, aki a kést tartotta, odarohant hozzá, és a mellének szegezte a kést. De mielőtt megszúrhatta volna, mozdulatlanná merevedett, és rettenetes fájdalmat érzett a mellkasában, pontosan ott, ahová az Anya mellkasán a szúrást irányította. Akkora fájdalom hasított belé, hogy összeesett. Ezt látva a többiek halálra rémültek. Ebben a pillanatban ért oda Damajanti. Amikor látta lányát Szubhagannal és az unokatestvéreivel eljönni otthonról, megérezte, hogy azok valami rosszban sántikálnak, és követte őket. Odaérkezvén az az érzése támadt, hogy borzalmas dolog történik odabent. Olyan hangosan kiabált, ahogy csak a torkán kifért, és addig verte az ajtót, amíg végül ki nem nyitották. Damajanti kézen fogta lányát, és gyorsan kivezette a házból.

Az unokatestvér, aki kést emelt az Anyára, súlyosan megbetegedett; kórházba kellett vinni, ahol az Anya meglátogatta. Nem érzett iránta haragot, csak együttérzést. Szeretetteljesen vigasztalta, és a kezéből etette. Amikor a férfi megtapasztalta az Anya szeretetét és megbocsátását, mélyen megbánta tettét, és könnyekre fakadt. Néhány nappal később meghalt.

Nem sokkal ezután Szubhagan súlyos betegséget, elefántkórt kapott. De még a betegsége alatt is gyűlölet áradt belőle, és az Anya követőit fenyegette. Nemsokára a betegsége miatt teljesen levert állapotba került, és öngyilkosságot követett el.

Szugunánandannak és Damajantinak majd megszakadt a szíve, de az Anya azt mondta nekik: „Ne szomorkodjatok! Szubhagan hamarosan újra megszületik ebben a családban." Néhány évvel később az Anya nővére, Kasztúri férjhez ment, és fia született, aki a Sivan nevet kapta. Az Anya elmondta a családnak, hogy Szubhagan született meg újra Sivanként. Az Anya szeretetével halmozta el a kisfiút, és Sivan is a születésétől fogva imádta az Anyát. Nagyon közvetlen kapcsolat alakult ki közöttük. Ilyen hatalmas volt az Anya együttérzése: megmentette bátyja lelkét, aki mindig olyan kegyetlen volt hozzá, és csak ártani próbált neki.

A faluban élt néhány ateista, akik nem hittek az Anyában. Olyannyira ellene voltak, hogy félre akarták tenni az útból. Egyszer odamentek, ahol az Anya gyakran ült meditációban, és hegyes szögekkel szórták tele a helyet. Ám bármilyen különös is, amikor az Anya leült, még egy kis szúrást sem érzett. Az ateisták ekkor nagyon feldühödtek. Páran közülük elmentek a Krisna-bhávára, és követőknek tettették magukat, miközben egy pohár mérgezett tejet kínáltak fel az Anyának. Bár ő tudta, hogy a tejben méreg van, elfogadta és megitta. A férfiak álltak, és várták, hogy mikor esik össze és hal meg, a méreg azonban nem ártott neki. Néhány pillanattal később az Anya feléjük fordult és eléjük hányta a mérgezett tejet, majd tovább folytatta a Krisna-bhávát, mintha mi sem történt volna. Az ateisták gyorsan kereket oldottak.

Az ellenséges érzületű falubeliek ekkor csatlakoztak a környező falvakból összeverbuválódott ateisták nagyobb csoportjához, és egy Racionalista Társaság elnevezésű csoportot hoztak létre azzal a céllal, hogy a Szent Anyának ártsanak. Azt akarták elhitetni az emberekkel, hogy az Anya egy szélhámos, és egyáltalán nem is szent. Félrevezető híreket terjesztettek róla, és rossz színben tüntették fel az újságokban.

Akkoriban a Déví-bháva alatt az Anya úgy jött ki a templomból, hogy Kálí Anya isteni lelkületét vette magára. Kezében az Istenanya kardját és háromágú szigonyát tartotta, és elragadtatott állapotban táncolt. Egyik este a racionalisták egy kosár éles, mérges tüskét hoztak, és arra kértek egy csoport gyereket, hogy szórják szét a földön, ahol az Anya táncolni szokott. Figyelmeztették őket, hogy ne érjenek hozzá a tüskékhez. Azon az éjszakán, amikor az Anya kilépett a templomból, már tudta, hogy mi történt, anélkül hogy bárki figyelmeztette volna őt. Szólt a követőknek a tüskékről, és arra kérte őket, hogy egy tapodtat se mozduljanak onnan, ahol éppen állnak. Ekkor járni kezdte isteni táncát, a karddal és a szigonnyal a kezében. Így még soha nem látták őt táncolni azelőtt. Mindenki úgy érezte, maga Kálí Anya, minden gonosz elpusztítója járja előttük táncát. Mezítláb volt a templom előtti verandán. Egyszer csak a kard átvágta a veranda falán lógó képek akasztóját, mire a képek lezuhantak és összetörtek, üvegdarabokkal borítva be a verandát. Ám az Anya tudomást sem vett róluk, és úgy táncolt tovább az üvegdarabokon, mintha puha virágszirmok lettek volna.

Ekkor lelépett a templom verandájáról, egyenesen odament, ahová a tüskéket szórták, s a mérgező tüskéken táncolt.

A racionalisták, akik ártó szándékkal jöttek, ezt látva sóbálvánnyá merevedtek. Csak álltak, és vártak, hogy az Anya lába vérezzen, és tele legyen tüskével. Biztosra vették, hogy mindjárt leteríti a méreg, de semmi nem történt. Később, amikor a Déví-bhávának vége lett, aggódó apja ment oda hozzá, hogy gyógyszerekkel kezelje a lábát – de sebnek vagy tövisnek a legkisebb nyomát sem találta.

Egy napon a racionalisták gonosz varázslót szabadítottak az Anyára a Déví-bháva alatt. A varázsló hírhedt fekete mágus volt. Sok embernek ártott már addig is, s most halálos varázslatát az Anyán készült kipróbálni. Hamut adott a kezébe, azt a látszatot keltve, mintha szent hamut adna ajándékba. Ám abban semmi szent nem

93

volt, csak gonosz varázslatával megmérgezett szokványos hamu. A por olyan erővel rendelkezett, hogy könnyedén elpusztította azt, aki a hagyományok szerint magára kente. Amint a varázsló átadta neki, az Anya rögtön tudta, mi az, de egy szót sem szólt. Elfogadta és magára dörzsölte, gondolván: „Ha Isten úgy akarja, hogy ez a test belehaljon ebbe, ám legyen! Senki sem menekülhet Isten akaratától." A férfi biztos volt benne, hogy az Anya meghal gonosz varázslatától, mint ahogy már előtte annyian, de legnagyobb ámulatára semmi sem történt. Nem sokkal ezután a fekete mágus megbolondult, és őrült koldusként, az utcán végezte be életét.

A racionalisták nem voltak hajlandók feladni tervüket. Még egy bérgyilkost is felbéreltek, aki a Déví-bháva alatt ment be a kis templomba a ruhája alá rejtett késsel. Amint az Anya megpillantotta, szeretettel rámosolygott, ami különös hatással volt a férfira. Az Anya lábához vetette magát, és könyörgött neki, hogy bocsássa meg, amit tenni szándékozott. Más emberként távozott a templomból. A benne végbement változást látva a racionalisták sértegetni kezdték a bérgyilkost, de ő csak mosolygott rájuk. Attól kezdve az Anya követőjévé vált.

A racionalisták ekkor a rendőrségre mentek, és hazugságokkal álltak elő az Anyát illetően. Olyan bűncselekményekkel vádolták, melyeket soha nem követett el. Erre egy csapat rendőr jött el, hogy az Anyának kérdéseket tegyenek fel. Amikor meglátta őket, az Anya nevetésben tört ki: „Kérem, tartóztassanak le, ha akarják, és zárjanak börtönbe. Ott legalább egyedül lehetek, egész idő alatt meditálhatok és Istenre gondolhatok. Ha Isten úgy akarja, hát legyen!" Vidáman kacagott tovább, s közben előrenyújtotta a két kezét. A rendőrök megrökönyödve álltak. Amikor látták a sugárzó szeretetet és örömet az arcán, legtöbbjük megértette, hogy egy nagy lélekkel áll szemben, és áhítat töltötte el őket. Leborultak elé, és úgy érezték, áldás számukra, hogy itt lehetnek. Hamarosan távoztak, és többé nem kételkedtek az Anyában. Imigyen a racionalistáknak ismét nem sikerült borsot törniük az orra alá.

Az Anya, aki mindent tudott és a jövőbe látott, kijelentette, hogy a Racionalista Társaság hamarosan feloszlik. Pontosan így is történt. A társaság tagjai összevesztek. Néhányan jó útra tértek, hinni kezdtek az Anyában, és ráébredtek, hogy szörnyű hibát követtek el. Ezek az emberek a követői lettek, és a vezetők közül ketten később az Anya két testvérét vették feleségül. Így ért véget a Racionalista Társaság.

Amikor az Anya édesapja a tehénistállóban megépítette a kis templomot lánya számára, soha nem gondolta volna, hogy ezrek fognak majd eljönni, hogy láthassák a lányát. Egyre többen özönlöttek a Krisna- és a Déví-bhávákra, és Szugunánandant ez teljesen felzaklatta. A gondolatát sem bírta elviselni, hogy lánya olyan sok idegennel érintkezzen. A többi családtaghoz hasonlóan ő is úgy vélekedett, hogy az Anya rossz hírbe hozza őket. Ami Szugunánandant illette, az Anyát csak a lányának tekintette. Az is aggodalommal töltötte el, hogy minden Déví-bháva után az Anya teste olyan merevvé vált, mint egy szobor. Valakinek órákig kellett masszíroznia, hogy teste visszatérjen a normális állapotba.

Egyik este, amikor apja a szokásosnál is nyugtalanabb volt, odament az Anyához a Déví-bháva alatt. Évekkel azelőtt lánya azt mondta neki, hogy egyedül Isten az ő Apja és Anyja, és amikor most megszólította, „nevelőapának" nevezte Szugunánandant, akit az aggodalmaskodás már így is rosszkedvűvé tett. Majd szétvetette a düh, amikor lánya így hívta. Kiabálni kezdett vele: „Az isteneknek és az istennőknek van nevelőapjuk? Istennő, vissza akarom kapni a lányomat!" Az Anya így felelt: „Ha visszaadom a lányodat, semmi mást nem kapsz vissza, csak egy élettelen testet, amelyet el kell temetned!" Az Anya úgy értette, hogy Szugunánandan csak a testének az apja – a lelkéé nem. Ő maga – az örökkévaló Én, mely soha nem halhat meg – nem tartozott senkihez. Ha tehát vissza akarta kapni a lányát, csak egy testet kaphatna vissza – mást semmit. De Szugunánandannak nem volt most kedve efféle dolgokra figyelni. Tovább követelőzött: „Menjen vissza az Istenanya oda, ahonnan jött! Vissza akarom kapni a gyermekemet!" Az Anya azt mondta neki: „Ha ezt akarod, itt a lányod. Vedd el!", majd összecsuklott, és a földre zuhant. A szeme még nyitva volt, de nem mozdult többé. A szívverése leállt, teste megmerevedett. Véletlenül egy orvos is volt a követők között. Próbálta kitapintani az Anya pulzusát, ám az semmi életjelet nem mutatott. Lágyan lezárta a szemét, és kijelentette, hogy az Anya meghalt.

Az emberek kétségbeestek. Sokan sírni kezdtek, mások hisztérikus állapotba kerültek a sokk miatt. Szugunánandan először csak állt, teljesen kábán. Fogalma sem volt, mitévő legyen. Majd hirtelen ráeszmélt, hogy a lánya halálát ő maga okozta. A fájdalomtól lesújtottan összeesett.

Olajmécseseket gyújtottak az Anya teste körül. Minden remény elveszett. Az összetört szívű követők szólni sem tudtak. A templom körül minden elcsendesült. Még az Anyatermészet is elhallgatott;

egyetlen hullámcsapást sem lehetett hallani, a tücskök nem ciripeltek, és a szél sem susogott a fák között. Nyolc óra telt el úgy, hogy senki nem mozdult. Az emberek csendben ültek az Anya teste körül. Majd Szugunánandan felállt, és hangosan zokogni kezdett. Könnyek patakzottak végig az arcán, amikor felkiáltott: „Istenanya! Könyörgöm, bocsáss meg nekem! Nem tudtam, mit beszélek. Kérlek, add vissza a lányom életét! Bocsáss meg! Soha többé nem mondok ilyet." Imádkozás közben a földre zuhant, és feltört belőle a fékezhetetlen zokogás.

Hirtelen valaki arra lett figyelmes, hogy az Anya teste mintha megmozdult volna egy kicsit. Mindez a képzelet játéka volt csupán, vagy tényleg így történt? Az Anya lassan kinyitotta a szemét, és visszatért az életbe. Tökéletes erőnek és egészségnek örvendett, mintha mi sem történt volna. Az emberek öröme és megkönnyebbülése határtalan volt.

Attól a naptól fogva hatalmas változás ment végbe Szugunánandanban. Végre megértette, hogy lánya maga az Istenanya. Ettől kezdve nem akarta többé megváltoztatni, és engedte, hogy azt tegye, amit csak kíván.

Tizenegyedik fejezet

Az Anya átöleli a világot

mikor az Anya 1975-ben először nyilvánította ki egységét Istennel Krisna és Déví személyében, azt mondta édesapjának: „Ne kérjetek senkitől semmit! Mindenetek meglesz anélkül, hogy kérnetek kellene. Isten meg fog áldani benneteket, és megadja, amire szükségetek van. A jövőben ez a hely nagy spirituális központ lesz, a híveim a világ minden tájáról jönnek majd ide. Követőim ezrei válnak majd saját gyermekeitekhez hasonlóvá, és olyanok lesznek számotokra, mint a saját családotok."

Nem sokkal ezután indiai fiatalok egy csoportja elhagyta otthonát: ők voltak az elsők, akik eljöttek, hogy az Anyával éljenek. Az Anya csak úgy ontotta szeretetét a brahmacsáríkra[1], és úgy kezelte őket, mintha a saját gyermekei lennének. Szerető irányításának óvó szárnyai alatt olyan életet kezdtek élni, melynek középpontjában a világról való lemondás állt. Olyan erős volt a vágyuk, hogy az Anyával legyenek, hogy ügyet sem vetettek az élelem szűkösségére. Idejük nagy részét a szabadban töltötték, a puszta földön aludtak, még gyékényszőnyeget sem terítettek maguk alá. Amire valóban szükségük volt, azt kéretlenül megkapták, és mindent megosztottak maguk között. Pénzük nem volt. Amikor valahová el kellett menniük, gyalog tették meg a távolságot, még ha úti céljuk messze is esett. Mindegyiküknek egy váltás ruhája volt, de valahogy megtanulták, hogyan tudnak így elboldogulni.

---

[1] A brahmacsárí (férfi) vagy brahmacsáriní (nő) olyan spirituális tanítvány, akinek képzését egy guru felügyeli.

Egyszer az egyik brahmacsárí elszomorodott, mert az egyetlen váltás ruhája piszkos lett, és elhasználódott. Panaszkodott az Anyának szegénységük miatt. Ő így válaszolt: „Ne kérj Istentől ilyen kis dolgokat! Add át magad Neki a lábai előtt, és Ő majd biztosítja számodra mindazt, amire valóban szükséged van." Az Anya maga is így élt, így hát saját tapasztalatból beszélt. Mindjárt a következő napon az Anya egyik híve, aki nem tudta, hogy mennyire szegények, új ruhákat hozott az összes brahmacsárínak.

A nehéz körülmények miatt, melyek eleinte az ásramban uralkodtak, a brahmacsárík mindenre kiterjedő képzésben részesültek a lemondás terén. Bátorításképpen az Anya azt szokta mondani nekik: „Ha kibírjátok azt a kiképzést, amelyet itt kaptok, akkor mindenhol otthon tudjátok majd érezni magatokat. Ha képesek vagytok megbirkózni ezekkel a nehéz helyzetekkel, akkor a jövőben semmilyen nehézség sem okoz majd problémát."

A kezdeti időkben, amikor az Anya ásramja megalakult, az egyik tanítványa így nevezte el Őt: „Mátá Amritánandamají Déví", és ma az egész világon ezen a néven ismerik. De a legtöbb ember csak „Ammának" hívja, ami azt jelenti: „Anya".

Az Anya családja fokozatosan felismerte, hogy Ő maga az Istenanya, és hatalmas változáson mentek keresztül. Szugunánandan és Damajanti gyakran elgondolkoztak azon, hogy vajon milyen erényes tetteket hajthattak végre előző életeik során, hogy az Istenanya „szülei" lehettek!

Amikor az Anyát megkérdezték, hogy miért született ilyen nehéz körülmények közé, ahol értetlenségben, bántalmazásban és elutasításban volt része a saját családja és sok falubelije részéről, ő

101

azt válaszolta, hogy azért választotta ezt, hogy ezzel inspirálja és bátorítsa az embereket. Meg akarta mutatni az emberiségnek, hogy az Önvalónk felismerése az elképzelhető legnehezebb körülmények között is megvalósítható.

Az Anya azt is kinyilvánította, hogy ő mindig a legfelsőbb tudatosságnak ugyanabban az állapotában időzik, és mindig teljességgel tudatában volt Istennel való egységének, még csecsemő korában is. Ezért feltételezhetjük, hogy azokban a korai években azért vágyódott olyan hevesen a Krisnával és az Istenanyával való egységre, és azért igyekezett annak elérésére, hogy követendő példát mutasson másoknak.

Ma azt a helyet, ahol az Anya felnőtt, Amritapurinak hívják. Az Anya otthona ásrammá vált, melynek neve: Mátá Amritánandamají Math. Az Anya itt férfiak és nők százait készíti fel, akik úgy döntöttek, hogy életüket Istennek és az emberiség szolgálatának szentelik. Családok ezrei gondolnak spirituális otthonukként az ásramra, Indiában és a világ minden táján egyaránt.

Az ásramban gyakran láthatjuk az Anyát, amint együtt dolgozik a többiekkel, téglát és homokot hord, zöldséget aprít, és így tovább. Amikor valami nehéz vagy piszkos munkát kell elvégezni, az Anya nem azt mondja az embereknek: „Menjetek, és csináljátok meg!", hanem Ő maga kezd bele. Kisvártatva mindenki rohan, hogy segítsen, és a munka pillanatok alatt elkészül.

Az Anya mindig a saját példájával tanítja a gyermekeit. Egy alkalommal lyuk keletkezett az egyik kunyhó tetején, amelyben ásrambeliek laktak, így aztán amikor esett az eső, a víz becsurgott a kunyhóba. A két brahmacsárí, akiknek meg kellett volna javítaniuk a tetőt, egyre csak halogatták a feladatot. Mindig azt mondogatták: „Majd holnap megcsináljuk!", így aztán soha nem készült el. Az Anya egyik reggel tudomást szerzett erről. Azonnal odament a kunyhóhoz, kért egy létrát, felmászott a lyukas tetőre, és elkezdte javítani. Amikor a brahmacsárík észrevették, hogy mit csinál, lélekszakadva odarohantak. Könyörögtek neki, hogy jöjjön le a tetőről, hadd javíthassák meg ők, de nem hallgatott rájuk. Saját maga javította meg a tetőt, miközben a két brahmacsárí csak állt és nézte. Nagyon szégyellték magukat. Ez után az eset után a brahmacsárík mindig azonnal elvégezték a rájuk kiszabott munkát, és nem halasztották azt „másnapra".

Egy másik alkalommal az egyik lány, aki az ásramba jött, megbetegedett, és lehányt egy szárít. Egy brahmacsáriní, aki az Anyát szolgálta, és az Anya ruháit szokta mosni, olyan undort érzett, hogy a piszkos ruhát egy bottal vette fel, és egy mosóembernek akarta átadni. Amikor az Anya meglátta ezt, így szólt: „Ha nem vagy képes mindenkiben Istent látni, és nem vagy képes mindenkit egyformán szolgálni, akkor mi haszna a sok évig tartó szolgálatnak és meditációnak? Van-e bármilyen különbség az Anya és e között a beteg leány között?" Ezután az Anya elvette a ruhát, és maga mosta ki.

Az Anya élete minden percét – éjjel és nappal egyaránt – az emberiség szolgálatának szánta és szánja mind a mai napig. Mivel mindig másokra gondol, gyakran elfeledkezik önmagáról, és még azt sem veszi észre, ha éhes, szomjas vagy fáradt. Mindennap emberek százai, sőt gyakran ezrei jönnek hozzá darsanra. Elmondják neki a problémáikat, ő pedig meghallgatja őket, órákon keresztül, szünet nélkül. Letörli a könnyeiket, és enyhít a szenvedésükön. Az Anya mindenkit megölel, aki csak eljön hozzá. Az évek során emberek millióit ölelte meg szeretettel. Legyenek akár fiatalok, akár öregek, gazdagok vagy szegények, jók vagy rosszak, ő mindannyiukat elfogadja, mégpedig ugyanazzal a rendkívüli szeretettel és gyöngédséggel. Az Anya a vezetőjük és a támaszuk; megvigasztalja és minden nehézségen átsegíti őket.

Az Anya minden tőle telhetőt megtesz azért, hogy segítse a szegényeket és a szenvedőket. Számos árvaházat tart fenn, ahol brahmacsáríjai és brahmacsáriníjai fiúk és lányok százairól gondoskodnak, olyanokról, akiknek nincsenek szüleik, vagy a családjuk az Anyához hozta őket, mert túlságosan szegények ahhoz, hogy fel tudnák őket nevelni. Az Anya nagyon elfoglalt, de amikor csak teheti, a gyermekekkel tölt egy kis időt. Játszik, énekel és táncol velük, felszolgálja nekik az ételt, és mindegyikőjüket megöleli és megcsókolja. A gyerekek úgy érzik, mintha a saját édesanyjuk lenne.

Ezeken az árvaházakon kívül az Anya számos iskolát, felsőoktatási intézményt és számítógépes szakiskolát alapított. Hogy azok is beiratkozhassanak, akiknek nincs sok pénzük, ösztöndíjakat hozott létre, a szegényebb diákoknak pedig kedvezményes tandíjat kell fizetniük. Ő tudja, hogy ha jó oktatásban részesülnek, akkor jobb állást fognak kapni, ami segíthet majd abban, hogy jobban tudjanak gondoskodni családjukról.

Az Anya kórházakat is épített a szegények számára; házak ezreit építette fel hajléktalanoknak; ételt ad az éhezőknek, és számtalan más módon segíti az embereket.

Az Anya azt mondja, hogy a világ olyan, mint egy virág, a különböző országok pedig ennek a virágnak a szirmai. Az Anya minden évben sok országot meglátogat a világ különböző tájain. Felkeresi a világ-virág különböző szirmait, hogy emberek tízezreivel találkozzon, akik úgy tekintenek rá, mint spirituális mesterükre és szeretett Anyjukra. Kinyújtja a kezét azokért, akik szenvednek, és megpróbál segíteni nekik. Jelenlétében az emberek jóságosakká válnak, és azok, akik egyedül vannak, felfedezik, hogy van egy isteni Barátjuk, akire mindig számíthatnak. Az Anya reményt ad azoknak, akiket kétségbeesés gyötör, és mosolyt csal az emberek arcára.

Az Anya azt tanítja nekünk, hogy az életben a legfontosabb: szeretni és gondoskodni egymásról. Arra inspirálja az embereket, hogy nyissák meg a szívüket Isten előtt.

Az Anya ezt mondja: „Az Anyából a szeretet szakadatlan folyója árad az univerzum minden lénye felé. Ez az ő veleszületett tulajdonsága."

Az Úr Krisna

2. rész

Az Anya gyermekeinek tapasztalatai

Krisna koronája

Takkáli hétéves kislány volt, Szvámí Púrnámritánanda unokahúga. Az igazi neve Srídzsa volt, de az Anya csak „Takkálinak" becézte, ami paradicsomot jelent. Takkálinak volt egy vágya, amelyről soha senkinek nem beszélt. „Ó, Istenem – így imádkozott –, ha egyszer én is viselhetném azt a koronát, amelyet az Anya visel a Krisnabháva alatt, olyan boldog lennék!" De az Anyán kívül soha senki nem hordta még azt a koronát, és Takkáli tudta: lehetetlen, hogy a kívánsága teljesüljön.

Krisna születésnapján Takkáli a szüleivel együtt az ásramba ment. Amikor az ásram felé tartva a kis komppal átszelte a lagúna vizét, azt látta, hogy az Anya ott áll a kompkikötőnél, és őrá vár. Amint Takkáli és családja kiszálltak a hajóból, az Anya kézen fogta Takkálit, és az ásramba sétált vele. Ott egy csapat színes jelmezbe öltözött gyerekkel találkoztak. Hogy megünnepeljék Krisna születésnapját, a gyerekek épp egy táncos színdarabot készültek előadni, amely Krisna Vrindávanban töltött gyermekkoráról szólt. Az Anya Takkálit a templomba vezette, és olyan szép ruhákba öltöztette, amilyeneket Krisna szokott hordani. Ezután az Anya a Krisna-bháva koronát hirtelen Takkáli fejére tette – a kislány nagy-nagy örömére! Most éppen úgy festett, mint a gyermek Krisna! Az Anya kivezette Takkálit, és az összes gyermeket körbeállította, úgy, hogy Takkáli állt a kör közepén. Ekkor az Anya arra kérte őket, hogy táncoljanak Takkáli körül, mintha ő lenne Krisna. Ez volt Takkáli életének legboldogabb napja! Sohasem beszélt az Anyának kívánságáról – de az

Anya tudott mindent, és valóra váltotta Takkáli álmát. Isten teljesíti azok kívánságát, akik ártatlanok és tiszta szívűek.

Dattan, a leprás

Dattan leprás volt. Még fiatalemberként támadta meg ez a rettenetes betegség. Amikor a szülei felfedezték, hogy a fiuk leprás, egyszerűen kidobták az utcára. Az egész családja ellene fordult, és megszakítottak vele minden kapcsolatot. A betegsége miatt Dattan nem kapott munkát, így aztán koldusbotra jutott. Úgy koldulta az élelemrevalót, és egy templomban töltötte minden idejét.

Ahogy telt-múlt az idő, az egész testét bűzös, gennyes sebek lepték el. Az összes haja kihullott, és a szeme annyira elfertőződött és bedagadt, hogy csak két rés maradt ott, ahol valamikor a szemei voltak, és szinte teljesen megvakult. Az emberek undorral fordultak el tőle, amikor csak meglátták. Szóba sem álltak vele, és még azt is megtagadták tőle, hogy bármiféle ételt adjanak neki. Így aztán gyakran éheznie kellett.

Egy nagy takaróval megpróbálta betakarni a testét, de ez nagyon fájdalmas volt számára, mert a ruha beleragadt a sebekbe. A legyek és más rovarok folyamatosan zaklatták őt a sebei miatt. Soha nem engedték meg neki, hogy buszra szálljon, mert az emberek annyira elborzadtak a betegségén. Még a többi koldus sem engedte, hogy közel menjen hozzájuk. Az emberek már a puszta látványára befogták az orrukat, és elszaladtak. Néhányan még le is köpték. Senki sem törődött vele. Dattan soha senkitől nem hallott egyetlen kedves szót sem. Soha senki sem mosolygott rá, és sohasem fordult felé

senki együttérzéssel. Élete rémálommá vált. Úgy érezte, hogy ő a
világ legérdemtelenebb teremtménye. Aztán egy napon meghallotta, amint valaki épp az Istenanyáról beszél. Elhatározta, hogy meglátogatja őt, a remény aprócska szalmaszálába kapaszkodva. Meg is érkezett egy este, a Déví-bháva alatt, de nem engedték be őt a templomba, hogy találkozhasson az Anyával. Olyan csúnya volt, ahogy az arcát és a testét sebek borították, és bűzlött a gennytől! Amikor az emberek meglátták, felszólították, hogy távozzon. „Menj el!" – kiáltottak rá. Dattan úgy érezte, hogy a szíve ezernyi darabra hasad, mert úgy tűnt számára, hogy még Isten is utálja őt. De ekkor a templom nyitott kapuján keresztül az Anya hirtelen meglátta Dattant, és magához hívta őt: „Fiam! Fiam! Gyere hozzám!"

Dattan bement a templomba, és bátortalan léptekkel odabotorkált az Anyához, felkészülve arra, hogy az Anya ugyanazzal az undorral fogadja majd, mint mindenki más. De úgy tűnt, az Anya észre sem veszi, hogy milyen csúnya, és hogy milyen bűz árad a testéből. Sok éve ez volt az első eset, hogy kedves arcot látott, és micsoda szeretet és együttérzés áradt ebből az arcból! Az Anya nagy-nagy szeretettel babusgatta őt. Átkarolta és magához ölelte, mintha csak ő lenne a legbűbájosabb gyermek a földön.

Amit az Anya ezután tett, az megdöbbentette az embereket: nyalogatni kezdte Dattan gennyes, elfertőződött sebeit, kiszívta a gennyet és a vért belőlük, majd kiköpte azt egy mosdótálba. Kivitte a leprást a templom mögötti hátsó udvarba, és megmosdatta, több kancsó vizet öntve a fejére. Azután szent hamuval hintette be az egész testet, beborítva a sebeket a hamuval. Dattant lenyűgözte ez az anyai szeretet, s ezután minden bháva-darsan alkalmával meglátogatta az Anyát. Az Anya mindig elvégezte vele ugyanazt a szertartást, nyalogatta a sebeit, megfürdette, és szent hamut szórt a testére. És minden alkalommal akkora szeretettel bánt vele, mintha a legkedvesebb gyermeke lett volna. Amikor az Anyát követői arról kérdezték, hogyan volt képes ezt megtenni, ő így felelt: „Ki más gondoskodna róla és szeretné őt? Ammá nem látja Dattan külső (fizikai) testét; ő csak a szívét látja. Ammá nem utasíthatja el őt. Ő az én fiam, és én az ő Anyja vagyok. Hogyan lenne képes egy anya eltaszítani magától a gyermekét?"

Dattan megváltozott. Majdnem minden sebe begyógyult. Az Anya nyála volt az ő isteni gyógyszere. A szeme kinyílt, és ismét tisztán látott. A haja újra kinőtt. Megint szabadon utazhatott a buszon, anélkül hogy valakit is zavart volna a jelenléte. Az emberek szóba álltak vele, és ételt adtak neki. Bár a szörnyű betegség okozta sebhelyek még mindig megmaradtak Dattan testén, az összes genny eltűnt, és nem árasztott többé rossz szagot. Ismét hordhatott inget és dhótít (ágyékkendőt), anélkül hogy a ruha odaragadt volna a testéhez, és fájdalmat okozott volna neki. Hála az Anya kegyelmének, Dattan boldog volt. Az Anya új életet adott neki.

Az Anya meggyógyít egy béna fiút

Amikor az Anya 1998-ban az Egyesült Államokban járt, hallott egy fiúról, aki egy Bostonhoz közeli kórházban feküdt teljesen bénán. A fiú – aki eredetileg Indiából származott, de a családja most az USA-ban élt – egy nap Boston egyik utcáján sétált, amikor az egyik építkezés állványzatának egy nagy darabja épp rá esett. Komolyan megsérült, és azóta bénán feküdt. Az orvosok semmit sem tudtak tenni érte. A szülei eljöttek az Anyához, amikor New Yorkban adott darsant, és megkérdezték: lehetséges lenne-e, hogy megnézze a fiukat. Az Anya beleegyezett. New Yorkból Bostonba vezető útján megállt a kórháznál, és meglátogatta a fiút. Amikor belépett a szobába, a fiú tolókocsiban ült. Az Anyának külön odakészítettek egy széket, melyet a család szép indiai selymekkel takart le. De úgy tűnt, az Anya észre sem veszi a széket. Egyenesen a fiúhoz ment, és vele szemben leült a földre. Elmondhatatlan gyengédséggel az arcán kitartóan nézett a fiúra, és élettelenül lógó lábait simogatta. Aztán az egyik lábát a kezébe vette, és megcsókolta. Óvatosan letette a fiú lábát, aztán gyengéden felemelte a másikat is, és ugyanúgy megcsókolta. A fiút és a szüleit annyira lenyűgözte az Anya szeretete és alázata, hogy sírtak. Még az Anyát kísérő szvámík (szerzetesek és apácák) is könnyekre fakadtak. Az Anya még egy kicsit a fiúval maradt, aztán elindult Bostonba. Két órával később a fiú azt vette észre, hogy képes járni! Az Anya kegyelmének köszönhetően teljesen meggyógyult.

Krisnan Unni operációja

Krisnan Unni Najar Los Angelesben élt. A szülei nagy odaadással viseltettek az Anya iránt. Amikor csak az Anya Los Angelesbe jött, az ő házukban szállt meg.

Amikor Krisnan Unni ötéves volt, meg kellett operálni sérvvel. A szülei annyira aggódtak emiatt, hogy üzenetet küldtek az Anyának Indiába. Az operáció előtti napon az Anya felhívta őket, és azt mondta: „Gyermekeim, ne aggódjatok! Egyáltalán nincs miért aggódni. Ammá Krisnan Unnival lesz az operáció alatt."

Másnap Krisnan Unnit a kórházba vitték. Az úton odafelé a szülei történeteket meséltek neki az Anyáról és Krisnáról, hogy jobban érezze magát.

Közvetlenül azelőtt, hogy betolták volna a műtőbe, édesanyja elmagyarázta neki, hogy nem mehet be vele, majd emlékeztette kisfiát:

– Ne felejtsd el, hogy mit mondott Ammá tegnap a telefonban: hogy jól leszel, és hogy ő ott lesz veled.

– Igen – suttogta Krisnan Unni.

Néhány órával később, amikor felébredt az altatásból, az édesanyja ott ült mellette. Mosolygott rá, és így szólt:

– Látod, rendben vagy! Ammá megmondta, ugye, hogy minden rendben lesz?

A kisfiú rá emelte a tekintetét, és azt felelte:

– Tudom, anya. Láttam Ammát. Ott állt mellettem egész idő alatt, és a kezét a vállamon tartotta.

Azóta Krisnan Unni és családja Indiába költözött. A kisfiú az amritapuri ásramban él a családjával, édesapja pedig az AIMS-nek, az Anya legmodernebb berendezésekkel felszerelt kórházának igazgatója lett.

A csöppnyi leány újból életre kel

Egy pici kislány, akit Sjámának hívtak, az Anya közelében élt. Súlyos asztmától szenvedett. Egyik nap Sjáma olyan súlyos asztmarohamot kapott, hogy nagymamája rohanva vitte őt a kórházba. De már túl későn, mert Sjáma meghalt, mire a nagyanyja odaért vele. Amikor

113

az orvosok megmondták neki, hogy az unokája halott, mérhetetlen bánat töltötte el az idős hölgy szívét. Felvette a kis testet, és kivitte a kórházból. Felszállt egy buszra, és a hazáig vezető úton végig az ölében tartotta a halott kislányt.

Amikor a falujába ért, egyenesen az Anya templomába ment. Hangosan sírt, és a halott gyermeket arra a szent ülőhelyre fektette, ahol az Anya szokott ülni a Déví-bháva alatt. Ebben a pillanatban az Anya épp egy másik házat látogatott meg, ahol Istent dicsőítő énekeket énekelt. Hirtelen nagy nyugtalanság lett úrrá rajta. Azonnal abbahagyta az éneklést, és a templomba szaladt. Ott találta a síró és jajveszékelő nagymamát a gyermek élettelen teste mellett, mely keresztben feküdt az ülőhelyen.

Az idős hölgy könyörgött az Anyának, hogy mentse meg a gyermeket. Az Anya leült a földre, az ölébe vette a testet, és a halott gyermekkel az ölében elkezdett meditálni. Hosszú ideig ült meditációban. Hirtelen a kicsi lány kinyitotta a szemét, és fokozatosan visszatért belé az élet. Örömkönnyek patakzottak a nagyanya arcán. Hálától túláradó szívvel többször is megölelte az Anyát.

A gyermek hite

1991-ben az Anya háromnapos látogatást tett a kanadai Vancouverben, ahol a Herke család másodszor találkozott az Anyával. Egy hét múlva Kaliforniába, az Anya programjának következő állomására készültek utazni autóval. Az indulás napján a hatéves Sharada Herke egyik osztálytársának szülei eljöttek az iskolába, és minden gyereket arra kértek, hogy imádkozzanak a kétéves fiukért, aki öt nappal azelőtt beleesett egy úszómedencébe. Legalább öt percig volt a víz alatt. Bár még élt, az öt nap során mindvégig kómában volt. Az orvosok azt mondták, hogy ha fel is épül, az agya bizonyosan károsodást szenvedett. De mivel öt nap eltelt már, és nem tért vissza a kómából, úgy gondolták, hogy nem fog életben maradni. Ahogy Sharada és családja elindult Kaliforniába, Sharada azt mondta: „Tudom már, mit fogok tenni! Elmondom az Anyának!"

Amikor megérkeztek az ásramba, az Anya Déví-bhávában volt. Sharada egyenesen hozzá ment, és beszámolt neki a kisfiúval történtekről. Az Anya hosszú ideig nézte Sharadát, majd biztosította afelől, hogy imádkozni fog a kisfiúért.

Másnap az Anya azt mondta Sharadának: úgy érezte, a fiú rendben lesz, és Sharadának nincs miért aggódnia.

Amikor a család néhány héttel később visszatért Kanadába, akkor tudták meg a történet hátralevő részét. Ugyanazon az estén, amikor az Anyának beszámoltak a kisfiú balesetéről, a kisfiú hirtelen felébredt, tökéletesen egészségesen, mintha csak egy kiadós éjszakai alvásból kelt volna fel, bár ekkorra már hat napja kómában volt. Az orvosok szerint csoda történt. Az agykárosodásnak semmiféle nyomát nem találták, és a hosszú rehabilitációs programra, amely ilyen esetekben általában elengedhetetlen, egyáltalán nem volt szükség. Mindez Sharada gyermekien naiv, tiszta hite miatt történt. Sharada érezte, hogy mindössze el kell mondania az Anyának a kisfiú balesetét, és minden rendben lesz – és pontosan így is történt!

A mangófa

Nem csak emberek lehetnek az Anya gyermekei. Az Anya ugyanúgy szereti az állatokat és a növényeket is, mint az embereket. Ő minden teremtmény Anyja. Az alábbi eset az Anya egyik gyermekével történt meg, aki történetesen egy fa.

Egyik nap néhány brahmacsárí kiásott és átültetett egy fiatal mangófát. Sajnos a fa sokkos állapotba került attól, hogy másik helyre költöztették, és a brahmacsárík nem törődtek ezzel. Így a fa fonnyadni kezdett, majd pedig elpusztult. Kicsivel ezután az Anya sétája során a kiszáradt fa mellett haladt el. Amikor meglátta a fát, mély szomorúság ült ki az arcára. Lehajolt, és megcsókolta. Úgy viselkedett, mint egy anya a beteg gyermekével. A brahmacsárík észrevették, hogy az Anya szeme könnybe lábad. Mélyen megérintette őket, amikor látták a természet iránti nyilvánvaló szeretetét és együttérzését, a kis fa iránti mély törődését. Az Anya könnyeit látva ők is sírva fakadtak.

Az Anya azt mondta nekik: „Gyermekeim, kérlek, soha többé ne pusztítsatok el egyetlen életet se úgy, mint ezt itt. Egy spirituális úton járó ember soha nem tesz ilyesmit. A célunk az, hogy mindenütt az életet tapasztaljuk – hogy érezzük, hogy minden élettel van tele. Meg kell próbálnunk úgy élni, hogy ne pusztítsunk el semmit se, mert nincs jogunk a pusztításra. Arra csak Istennek van meg a joga, aki mindent teremt, és aki mindenről gondoskodik. Nem szabad elfelejtenetek, hogy mindent a tudatosság és az élet tölt meg. Nincs olyan, hogy holt anyag – minden tudatos. Isten mindenütt jelen van."

Amikor az Anya befejezte a mondandóját, megölelte a fát, és arra kérte, hogy bocsásson meg a brahmacsáríknak azért, amit tettek. Néhány nap múlva a brahmacsárík észrevették, hogy a fa újjáéledt, és új leveleket kezdett hozni. Az Anya isteni csókja és szeretete felélesztette a halott fát.

Virág Krisnának

Bhászkaran az Anya egyik idős szomszédja volt. Faluról falura vándorolt, a *Srímad Bhágavatam*ot és más szent iratokat recitálva, s abból a pénzből élt, amelyet a szolgálataiért felajánlottak neki. Hallott az Anya Krisna-bhávájáról, és néhányszor eljött, de nem volt teljesen meggyőződve arról, hogy tényleg magát Krisnát látta-e a Krisna-bháva alatt.

Egyik éjjel élénk álmot látott, amelyben Krisna megjelent előtte, és azt mondta: „Fiam, faluról falura vándorolsz, és annyi év óta engem (azaz a *Srímad Bhágavatam*ot) tartasz a hónod alatt, de mit értél el? Itt vagyok az orrod előtt a szomszédos házban, és mégsem ismersz fel. Ó, te bolond!" Bhászkaran nagyon meghökkent az álmán. Attól kezdve gyakran ellátogatott a Krisna-bhávákra.

Egy napon, mikor az egyik közeli faluból tartott hazafelé, egy templom melletti kis tó mellett haladt el, és megcsodálta a vízen úszó lótuszvirágok szépségét. „Milyen jó lenne – gondolta, – ha felajánlhatnám e lótuszok egyikét Krisnának a Krisna-bháva során!"

Odament a templom papjához, és megkérdezte tőle, hogy leszakíthatna-e egy lótuszvirágot, felajánlásként Krisnának. Amikor megkapta erre az engedélyt, leszedett egy szép rózsaszín lótuszvirágot, és elindult az Anyához.

Ahogy ment, egy elbűvölő kis fiúcska állította meg őt az úton, és könyörgött, hogy adja neki a virágot. Bhászkaran nagy dilemmában volt. Megmagyarázhatatlan vonzalmat érzett a fiú iránt, és erős vágy ébredt benne, hogy odaadja neki a virágot, és boldoggá tegye őt. Ugyanakkor úgy érezte, hogy nem lenne helyes egy hétköznapi embernek adni valamit, amit Isten dicséretére szántunk. Végül a szíve győzedelmeskedett a kötelességérzete felett, és odaadta a fiúcskának a lótuszt.

Amikor odaért az ásramba, az Anya már Krisna-bhávában volt. Amint Bhászkaran belépett a templomba, odahívta maga mellé, és mosolyogva megkérdezte tőle:

– Hol van a virág?

Bhászkaran szíve úgy kalapált, hogy majd kiugrott a helyéről, s annyira meglepődött, hogy egy szót sem tudott kinyögni. Az Anya szeretettel megütögette a fejét, és azt mondta:

– Ne aggódj, a kicsi fiú, akinek a virágot adtad – az én voltam, Krisna.

Jason

Az Anya első New York-i látogatásakor történt. Az egyik reggel épp csak elkezdte a darsant, amikor egy szőke fiúcskára mutatott, aki az édesapjával a szoba másik felében ült. Az Anya ezt mondta az egyik brahmacsárínak: „Annak a gyermeknek nincsen anyja. Az Anya nagy szeretetet és együttérzést érez iránta." A fiú még nem ment oda hozzá, és senki sem mesélt róla semmit az Anyának.

Kis idő múlva az Anya játékosan keresztülhajított egy darab csokoládét a szobán, éppen oda, ahol a fiúcska ült. Az elmosolyodott, és megette a csokoládét. Nem sokkal ezután az Anya még egy csokoládét odadobott, de most a szoba közepére, félúton kettejük közé. A fiúcska egy kicsit közelebb jött az Anyához, és övé lett a második adag csoki is. Az Anya ezt még néhányszor eljátszotta vele, majd amikor a fiúcska elég közel került hozzá, elkapta őt. Mindketten nevettek. A fiúcska azonnal úgy érezte, hogy erős szálak fűzik az Anyához.

Az apja odajött, és elmondta, hogy fia, Jason Richmond hatéves, és elvesztette az édesanyját, amikor még csak nyolc hónapos volt. Beszámolt arról is, hogy éjjel gyakran sírva riadt fel, és azt kérdezte, neki miért nincs anyukája. Az Anya a karjaiban tartotta Jasont, és azt mondta neki: „Jason, én vagyok a te Anyukád!" Jason csodálkozva nézett az Anyára. Azt gondolta, az Anya úgy értette ezt, hogy ő az édesanyja, aki megszülte. A fiúcska arca ragyogott a boldogságtól. Életében először egy igazi anya szeretetét tapasztalhatta – az ő saját anyjáét. A következő néhány nap alatt és az Anya azutáni amerikai látogatásai során minden évben csak úgy ontotta Jasonre szeretetét, éreztetve vele, hogy tényleg ő a valódi anyukája.

Azon az első reggelen Jason apja arról is beszámolt az Anyának, hogy Jason epilepsziától szenved, gyakoriak a rohamai, s a gyógyszer egyáltalán nem használ semmit. Az Anya adott neki egy darabka szantálfát, és elmondta neki, hogyan használja[1]. Az Anya utasításait szigorúan betartották, és attól kezdve Jasonnek soha többé nem voltak rohamai.

---

[1] Indiában az emberek gyakran készítenek szantálfából pasztát. Ezt az Anya gyakran javasolja különféle betegségek gyógyítására.

119

3. rész
Az Anya tanításai

1. Gyermekeim, a társadalomnak szüksége van az olyan fiatal és intelligens emberekre, mint amilyenek ti is vagytok. Ti vagytok a világ reménységei és jövője. Virágozzon ki a bennetek levő virág, és áradjon az illata mindenfelé az egész világon! Induljatok, hogy letöröljétek a szenvedők könnyeit, és terjesszétek a spiritualitás fényét!

2. Az Anya azt kívánja, hogy minden gyermeke a szeretet és a béke terjesztésének szánja az életét, szerte a világon. Az igazi szeretet és az Istennek való odaadás az, ha együttérzéssel tekintünk a szegényekre és a szenvedőkre. Gyermekeim, adjatok enni azoknak, akik éhesek, segítsétek a szegényeket, vigasztaljátok a bánkódókat, enyhítsétek a szenvedők fájdalmát, legyetek jólelkűek mindenkihez – ez az Anya üzenete számotokra!

3. Az arany oly szép és értékes! Képzeljétek el, ha még illata is lenne – mennyivel értékesebb és elbűvölőbb lenne! A meditáció és a többi spirituális gyakorlat valóban nagyon értékes. De ha a meditációval és az istentisztelettel együtt a szeretetet, az együttérzést és a felebarátainkkal való törődést is megpróbáljuk kifejleszteni magunkban, akkor olyanok leszünk, mint az illatozó arany: hihetetlenül különleges és egyedi lények.

4. Egyszer egy mesternek volt egy tanítványa, aki nem szeretett alamizsnát adni a szegényeknek. A mester tudta ezt, és egyik nap koldusnak öltözve elment a tanítványa házához. Amikor megérkezett, a tanítvány a mester képének imádatával volt elfoglalva, tejet és gyümölcsöt ajánlott fel a képmása előtt. A mester bekiabált a küszöbről: „Az isten szerelmére, kérlek, adjál egy kis alamizsnát!" A tanítvány elzavarta őt, miközben ezt kiabálta: „Tőlem aztán nem

kapsz semmit!" A mester azon nyomban levetette az álruháját. Amikor a tanítvány felismerte őt, bűnbánat töltötte el, és a mester bocsánatáért esedezett.

Sok ember ugyanúgy viselkedik, mint a történetbeli tanítvány. Tejet és gyümölcsöt ajánl fel Isten képmásának, de még egy maréknyi rizst sem ad az éhes embereknek, nem ismerve fel, hogy azokban a szegény emberekben Isten lakik. Kész Isten képmását imádni, de az élő Istent nem.

5. Gyermekeim, még ha nem is vagyunk abban a helyzetben, hogy másokat anyagilag segítsünk, legalább egy szerető mosolyt vagy egy kedves szót adhatunk nekik. Ez nem kerül egy fillérünkbe sem. Amire szükség van, az az együtt érző szív – ez az első lépés a spirituális életben. Akik kedvesek és együtt érzőek másokkal, azoknak nem kell Istent keresve vándorolniuk, mert Isten maga siet azokhoz, akiknek a szíve együttérzéssel dobog! Az ilyen szív Isten legkedvesebb lakhelye.

6. *Az Anya észrevette, hogy egy brahmacsárí nem vette fel a banánhéjat, amely már régóta ott hevert a földön.*

Fiam, nem vetted fel azt a banánhéjat, bár láttad, hogy a földön hever. Ha ott hagyjuk, valaki véletlenül megcsúszhat rajta, és eleshet. Akkor az a te hibád lesz, nem? Mert láttad, hogy ott van, és nem vetted fel.

Ugyanígy ébernek kell lenned, amikor az úton jársz. Ha üvegdarabokat látsz a földön, azokat fel kell onnan venni, hogy másokat nehogy megsebesítsenek. Akik önzők, azok nem törődnek az efféle dolgokkal. De nekünk törődnünk kell az ilyesmikkel, hogy még az önző emberek se sebesüljenek meg.

7. Miért mondjuk, hogy „Óm Namah Sivája", amikor köszöntjük az embereket? „Óm Namah Sivája" azt jelenti, hogy „Üdvözlet Sivának (a Szerencsehozónak)!" Ezen a világon minden ember Isten része. Így amikor azt mondjuk valakinek, hogy „Óm Namah Sivája", akkor azt mondjuk az illetőnek: „Üdvözlöm a benned levő isteni természetet, és szeretném, ha tudnád, hogy én szeretem és nagyra becsülöm azt benned."

8. Volt egy lány, akinek a családja jólétben élt. Összebarátkozott egy vele egykorú lánnyal, aki viszont nagyon szegény családból származott, ráadásul vak és béna is volt. A gazdag lány szerette a kicsi lányt, ő volt a legjobb barátja. Mindennap vele játszott, és mindig azon volt, hogy felvidítsa és megnevettesse őt. De a gazdag lány apja egyáltalán nem örült, amikor megtudta, hogy a lánya egy szegény családból származó lánnyal játszik. Azt szerette volna, ha nem foglalkozik többet vele, és ehelyett inkább az övével azonos anyagi helyzetű gyerekekkel barátkozna. Így aztán meghívta az egyik gazdag barátjának a lányát, hogy jöjjön el, és játsszon a gyermekével. Bár a két lány összebarátkozott, gyermeke mégis sokkal jobban szerette a kis barátnőjét, és sokkal szívesebben volt az ő társaságában. Amikor az apja észrevette ezt, megkérdezte tőle: „Miért egy olyan szegény lánnyal akarsz barátkozni, mikor pedig a gazdag barátom lánya is a barátnőd?" Ő így válaszolt: „Ó, apám, én azt a másik lányt is nagyon szeretem. De neki számtalan játéka és barátja van, akikkel játszhat. Az én barátom viszont teljesen egyedül van. Ha én nem szeretem, és nem vagyok egy kicsit kedves hozzá, akkor senki sem törődik vele. Szeretnék segíteni neki."

Gyermekeim, soha ne feledjük el, hogy minden ember egyenlő, akármilyen helyet foglalnak is el a társadalmi ranglétrán. De a rendkívül szegényeknek még a puszta léte is mások szeretetén és együttérzésén múlik. Egy gazdag ember általában sok támogatást kap másoktól, de aki nagyon szegény, azt majdnem mindenki lenézi, kivéve néhány jólelkű embert.

9. A pénz és a világi dolgok örökre eltűnnek, amikor odaadod azokat valakinek – a szeretettel azonban más a helyzet. Mert minél több szeretetet adsz, a szíved annál inkább megtelik vele. A szeretet olyan, mint egy kiapadhatatlan folyam. Az Anya azt szeretné, hogy minden gyermeke a szeretet forrásává váljon, és mindig szeretetet és együttérzést sugározzon felebarátai felé – s ezáltal másokat is arra tanítson, hogy ugyanígy tegyenek.

10. Valaki azt kérdezte az Anyától: „Isten miért tűri csendben, amikor az emberek oly sokat szenvednek? Nem tudna tenni valamit azért, hogy megszüntesse a szenvedést?"

De hiszen Isten *már igenis tett* valamit ezért. Megteremtett minket, azt remélve, hogy mi teszünk majd a szenvedők megsegítéséért. Gondolnunk kell a szerencsétlen sorsú emberekre, meg kell próbálnunk átérezni a szenvedésüket, s a helyükbe képzelnünk magunkat. Hajlamosak vagyunk arra, hogy csak a saját problémáinkkal foglalkozzunk, nem törődünk mások gondjaival, és nem is tanúsítunk semmiféle együttérzést irántuk. Ez a mi legnagyobb bajunk.

11. Volt egyszer egy király, akinek az országát a szomszédai folyamatosan támadták, és ő mindig veszített velük szemben, míg végül apránként elveszítette a királyságát. Egyik nap azt érezte, hogy már

nem bírja tovább. Elhatározta, hogy lemond a trónról. Lemondott királyi kötelezettségeiről, és elvonult egy erdőbe. Nagyon levert volt. Egyszer aztán látott egy kis pókot, amint megpróbált hálót szőni az egyik fa két ága közé. A pók a fonalaival újra meg újra megpróbálta összekötni a fa két ágát, de semmire sem jutott, mert a pókháló mindig elszakadt. Noha a pók nem járt sikerrel, mégsem adta fel a próbálkozást. A király egyre nagyobb csodálattal nézte, ahogy a kis rovar szorgalmasan folytatta tovább a munkáját. Még a másik ágra is átugrott, és megpróbálta a másik oldalról odakötni a hálóját. Végül, sok próbálkozás után, sikerült szép és erős hálót szőnie a két ág közé.

A király mélységes tanítást kapott ettől a kis póktól. Azt gondolta: „Ha egy látszólag jelentéktelen pók képes ilyen kitartóan dolgozni, és nem adja fel, akkor biztosan én is meg tudom tenni ugyanezt, és állhatatosabban el tudom látni királyi kötelességeimet: nem adom fel, amikor a helyzet nehézre fordul, és nem futok el, mint egy gyáva nyúl." A király visszatért a királyságába, s elfoglalta trónját. Ettől kezdve állhatatosan végezte teendőit. Puszta elhatározása által bátran legyőzte az összes szomszédos országot, amely a birodalmára tört, míg többé már nem is merték megtámadni őt. Így végül béke köszöntött országára, melyet ő igazságosan és bölcsen vezetett soksok éven át, és soha nem felejtette el azt a tanítást, amelyet valamikor a kis póktól kapott.

12. Semmilyen munka sem jelentéktelen vagy értelmetlen. Hogy fontos és szép lesz-e, az csak azon múlik, mennyi szeretettel végzed – azaz mennyire adod bele a szíved-lelked.

13. Az elme feletti uralom megszerzése a legfontosabb végzettség, amelyet megszerezhetsz. Ez a spirituális végzettség.

14. Egy spirituális beállítottságú embernek még az „önzősége" is javára válik a világnak. Az egyik faluban élt két fiú. Mindkettőjük kapott néhány magot egy arra járó szerzetestől. Az első fiú megpirította a magokat, és megette őket, így csillapítva éhségét. Ő világi beállítottságú volt. A második fiú elvetette a földbe a kapott magokat, és így sok gabonára tett szert, amelyet odaadott az éhes embereknek. Bár kezdetben mindkét fiúban megvolt az önzőség, mert elfogadták, amit adtak nekik, a második fiú hozzáállása mégis sok ember hasznára vált.

15. A szíved egy szentély – és ebbe a szentélybe kell állítanod Istent. A helyes gondolatok a Neki felajánlott virágok; a helyes tettekkel imádod Őt; amikor kedvesen szólsz valakihez, akkor dicshimnuszt énekelsz Istennek; a szereteted pedig a megszentelt étel, amelyet felajánlasz Neki.

16. Gyermekeim, soha ne tegyetek olyasmit, amivel bárkinek is fájdalmat vagy szenvedést okozhattok. Az ilyen tettek kedvezőtlenül hatnak rátok. Gyakran úgy sértünk meg valakit, hogy az nem is tehet róla. Az ilyen ember fájó szívvel fog felkiáltani, hogy megsértetted őt, bár ő semmi rosszat sem tett. A gondolataik és imáik hatással lesznek rád, és később szenvedést fognak okozni neked. Ezért fontos, hogy soha ne sértsél meg másokat sem gondolattal, sem pedig szóval vagy tettel. Ha nem vagyunk képesek boldogságot adni másoknak, legalább attól kell tartózkodnunk, hogy fájdalmat

okozzunk nekik. Ha ezekben a dolgokban körültekintőek vagyunk, akkor Isten kegyelme velünk lesz.

17. Egyszer a kormány egyik minisztere látogatást tett egy faluban, mely történetesen az ország legpiszkosabb faluja volt. Egy éjszakát töltött ott a falu polgármesterének vendégeként. Az utak mellett mindenütt szeméthalmok hevertek, és a nyitott csatornák tele voltak piszkos, pangó szennyvízzel. Az egész falut rettenetes bűz lengte be. A miniszter megkérdezte a polgármestert, hogy miért olyan piszkos a hely. A polgármester így felelt: „Az emberek, akik ebben a faluban élnek, tudatlanok. Nem tudnak semmit a tisztaságról. Egyszerűen nem törődnek az efféle dolgokkal. Próbáltam hatni rájuk, de ügyet sem vetettek rá. Mondtam nekik, hogy ki kellene takarítani a falut, de nem csinálják meg. Így aztán felhagytam a próbálkozással." A polgármester ebben a szellemben folytatta tovább a mondandóját, a falu lakóit hibáztatva. A miniszter türelmesen hallgatta őt, egyetlen szó nélkül. Megvacsoráztak, azután a miniszter aludni tért.

Másnap kora reggel, miután a polgármester felébredt, és hívta volna a minisztert reggelizni, a vendégnek csak hűlt helyét találta. A polgármester mindenütt kereste, még a szolgákat is megkérdezte, hogy nem látták-e valahol, de senki nem tudta, hol lehet. Mindenki őt kereste. Végül a polgármester találta meg: a miniszter saját kezűleg szedte a szemetet az úton, nagy kupacba hordta, majd meggyújtotta. Ennek láttán a polgármester elszégyellte magát, s így szólt magában: „Hogyan állhatok itt tétlenül, amikor a miniszter maga is így dolgozik?" Így aztán ő is csatlakozott a miniszterhez, és takarítani kezdte a falut. Amikor a falu lakói kijöttek az utcára, nagy csodálkozva nézték a két embert, hogy ilyen piszkos munkát végeznek. Úgy érezték, hogy nem figyelhetik karba tett kézzel, amint a miniszter és a polgármester kitakarítja a falut. Így hát ők is beálltak dolgozni. Pillanatok alatt ragyogóan tiszta lett az egész település. Az összes szemetet összeszedték, és kitisztították a csatornákat. Egy darab nem sok, annyi szemetet sem lehetett találni sehol. Teljesen másképpen festett a falu.

Gyermekeim, sokkal kevesebb ideig tart saját példával megtanítani valamit, mint prédikálva. Ne csak álljatok, ujjal mutogatva másokra, és kritizálva őket azért, hogy nem csinálják azt, amit kellene. Legyetek ti a kezdeményezők, és mutassatok példát azáltal, hogy ti magatok végzitek el a munkát. Azután a többiek is a legnagyobb természetességgel fogják követni majd a példátokat. Mások hibáztatása senkit sem változtat meg. Ha másokat kritizálsz, attól csak a saját elméd válik szennyezetté, abból pedig semmi jó nem származik. Tettekre van szükség. Csak akkor fognak a dolgok jobbra fordulni, ha te, te magad megpróbálsz tenni valamit.

18. Mindig bocsássuk meg mások hibáit. Ha az emberek kritizálnak minket, és olyasmiért hibáztatnak, amit nem is mi csináltunk, akkor általában érzékenyen reagálunk erre, és mérgesek leszünk. Egyszerűen csak bocsássunk meg nekik. Isten próbára tesz minket, és azokat is, akik vétkeznek ellenünk. Soha ne legyél mérges senkire!

19. Akik önzőségből ártanak másoknak, azok valójában olyan vermet ásnak, melybe saját maguk fognak beleesni. Olyan ez, mint hanyatt fekve a levegőbe köpni: a köpés a saját arcodra fog visz-szahullani.

20. Gyermekeim, az élete során mindenképpen elkövet az ember hibákat. Tegyük fel, hogy valamiben megbotlottál és elestél. Nem fogod azt mondani magadnak: „Rendben van! Most, hogy elestem, egész életemben itt fogok feküdni a földön! Soha többé nem kelek fel, és nem megyek tovább!" Ugye elég ostoba dolog lenne így gondolkozni? Egy épp járni tanuló kisgyermek számtalanszor elesik, mire megtanul rendesen járni. Ugyanígy a hibák az élet természetes velejárói. Ne felejtsd el, hogy minden sikertelenség a siker lehetőségének üzenetét hordozza. Mint ahogy a járni tanuló kisbaba elesik, mielőtt megtanulna szilárd léptekkel járni, számunkra is a saját sikertelenségeink jelentik a végső győzelem felé vivő utunk kezdetét. Ezért semmi szükség arra, hogy csalódottak vagy frusztráltak legyetek.

21. Egyszer egy ember felszállt a vonatra, nagy, nehéz bőröndöt cipelve a fején. Miután a vonat elindult, az ember a bőrönd súlya alatt nyögve kiabálni kezdett:

– Ó, Istenem! Ez a poggyász túlságosan nehéz nekem, nem bírom már a súlyát!

Ezt hallva az egyik közelben levő utas megkérdezte:

– Akkor miért nem teszed le? Hadd vigye a vonat helyetted a terhet!

Hasonlóképpen, amikor Isten lábaihoz helyezzük mindenünket, akkor nincs többé miért aggódnunk az életünk felől. Isten fogja minden terhünket viselni.

22. Ha megvizsgáljuk Ráma, Krisna, Buddha és Jézus Krisztus életét, akkor láthatjuk, hogy az életük során számos nehézséggel

kellett megküzdeniük. De mivel türelemmel és lelkesedéssel tevékenykedtek, ezért képesek voltak sikerre jutni.

Természetesen néhányan úgy érvelhetnek, hogy ők nagy mahátmák voltak, és mi nem hasonlíthatjuk magunkat hozzájuk: mi csak hétköznapi emberek vagyunk, hogyan próbálhatnánk meg olyanok lenni, mint ők? De az Anya azt mondja, hogy mi nem pusztán hétköznapi emberek, hanem szintén rendkívüliek vagyunk. Végtelen erő szunnyad mindannyiunkban. Nemcsak kis zsebtelepek vagyunk – hanem közvetlenül magára az Áramforrásra vagyunk rákötve! Meg kell tanulnunk a felszínre hozni, működtetni és felismerni ezt az erőt. Akkor mi is sikeresek leszünk az életben.

23. Gyermekeim, ha mindannyian teszünk érte, akkor megszabadulhatunk az országunkat sújtó szegénységtől.

24. Ha egy faluban vagy egy utcában van legalább két olyan fiatal, akik megpróbálják szolgálni a világot, és kezdeményezőleg lépnek fel, hogy olyan szervezeteket hozzanak létre, amelyek másokat szolgálnak, és terjesztik a spirituális bölcsességet, akkor a világ jobbá fog válni.

25. Rendkívül sokat tanulhatunk a természet példájából, ha megfigyeljük, hogy a természet milyen könnyedén legyőz bármilyen akadályt. Például ha egy parányi hangya útjában egy kő hever, akkor a hangya vagy megkerüli azt, vagy pedig átmászik rajta, és úgy folytatja az útját. Vagy ha egy szikla van ott, ahol egy fa nő, akkor a fa egyszerűen körbenövi a sziklát. A folyó vize hasonlóképpen kikerüli a farönköt vagy a nagy követ, mely az útjában áll. Nekünk ugyanígy meg kell tanulnunk azt, hogy az életben minden körül-

ményhez alkalmazkodjunk, és hogy türelemmel és lelkesedéssel úrrá legyünk rajtuk.

26. Ha valaki megszid minket, vagy vitába száll velünk, akkor mérgesek leszünk rá. Ellenséges hozzáállásunk miatt még az is lehet, hogy tettleg bántalmazzuk őt. De a bölcsek nem éreznek ellenségességet senkivel szemben. Sőt még szeretik is azt, aki ellenséges velük. Ilyenek voltak a bölcsek és az indiai eposzok más nemes szereplői.

27. Ha egy mag szeretne növekedni és nagy fává sarjadni, akkor először le kell mennie egészen a föld alá. Csak a szerénység és alázat által leszünk képesek spirituálisan növekedni. A büszkeség és az önzőség csupán kárt okoz nekünk. Legyetek szerető szívűek és együtt érzőek, s tegyétek magatokévá azt a hozzáállást, hogy mindenkinek a szolgái vagytok. Akkor az egész univerzum leborul majd előttetek.

28. A forgószél nagy fákat fordít ki gyökerestől, és épületeket dönt romba. De legyen bármilyen heves, nem tud ártani egy egyszerű kis fűszálnak. Ez az alázat nagyszerűsége.

29. Gyermekeim, ha valamit el kell intéznetek, akkor mielőtt elmentek otthonról, tisztelettudóan köszönjetek el a szüleitektől. Váljon szokásotokká, hogy elbúcsúztok a szüleitektől, mielőtt reggel iskolába mentek. Isten kiárasztja a kegyelmét azokra, akik alázatosak.

30. Ennek a világnak szolgákra, nem pedig vezetőkre van szüksége. Mindenki vezető akar lenni. Már épp elég olyan vezetőnk van, akik valójában nem is vezetők. Váljunk ehelyett inkább igazi szolgákká. Mert ez az egyedüli módja annak, hogy igazi vezetők lehessünk.

31. Isten mindenben benne lakik, nem csak az emberi lényekben. Ott van a hegyekben, a folyókban és a fákban, a madarakban és az állatokban, a felhőkben, a napban, a holdban és a csillagokban. A természetben mindennek megvan a maga célja. Isten teremtésében nincsenek elvétett dolgok. Minden teremtmény és minden dolog, amit Isten teremtett, felettébb egyedi és különleges. Aki mindezt megértette, hogyan akarhatna ölni vagy pusztítani?

32. Gyermekeim, gondoljatok a természet varázslatos csodáira! A tevék egy különleges zsákkal vannak megáldva, amelyben vizet tudnak tárolni a sivatagon keresztül vezető hosszú útjaik során. A kengurunak beépített bölcsője van azért, hogy amerre csak megy, magával tudja vinni a kicsinyét. Még a látszólag legjelentéktelenebb és ártalmatlan teremtményeknek is megvan a maguk különleges szerepe, amelyet a világban betöltenek. Például a pókok tartják a rovarpopulációt egyensúlyban, a kígyók fékezik meg a patkányokat, nehogy elszaporodjanak, és még az aprócska planktonok is táplálékul szolgálnak a tengerben a bálnák számára. Sok növény haszontalan gyomnak tűnik, de orvosságot lehet készíteni belőle, mely szörnyű betegségeket képes meggyógyítani. Mi nem ismerjük minden dolognak az okát, az Anyatermészet csupa rejtély számunkra. A természet nélkül egyetlen teremtmény, egyetlen ember vagy más élőlény sem lenne képes életben maradni. Így a mi felelősségünk az, hogy szeretettel gondoskodjunk minden élőről.

33. A növényeknek és a fáknak is vannak érzéseik. Még félelmet is érezhetnek. Amikor valaki fejszével megy oda egy fához, akkor a fa annyira fél, hogy reszket belé. Te nem láthatod ezt, de ha együttérzés van a szívedben, érezni fogod.

34. A tapasztalat mindenkinek a tanítója. A szenvedés, gyermekeim, az a tanító, mely közelebb visz benneteket Istenhez.

35. Mindenkiben a jót lássátok! Legyetek olyanok, mint a méhecske, aki bármerre jár, csak a mézet gyűjti össze.

36. Mentálisan elgyengülünk, amikor mások hibáit nézzük, de magasabb szintre emelkedünk, amikor úgy döntünk, hogy mindenkiben a jóságot látjuk. Bárkiről legyen is szó, amikor azt mondjuk valakiről, hogy rossz, akkor ezzel mi magunkat tesszük rosszá. Még ha valaki kilencvenkilenc százalékban rossz is, mi lássuk meg benne azt az egyetlenegy százalék jóságot! Akkor mi magunk is jókká válunk. Ha valakinek a rossz oldalát nézzük, akkor lealacsonyítjuk magunkat. Mindig így imádkozzunk: „Ó, Istenem, add meg, hogy mindenkiben csak a jót lássam! Adj erőt ahhoz, hogy a világot önzetlenül szolgálhassam!" Csak ha lemondunk önmagunkról, akkor leszünk képesek az elme igazi békéjét megtapasztalni. Így kell megpróbálnunk lassan Isten igazi szolgáivá válnunk!

37. Tegyük fel, hogy beleesünk egy gödörbe. Vajon megharagszunk-e a szemünkre, és kiszúrjuk-e, mert nem vezetett minket megfelelően? Nem, természetesen nem. Amiképpen türelemmel viseljük a saját szemünk által elkövetett hibákat, másokkal is legyünk ugyanilyen elnézők, ha kudarcot vallanak vagy hibáznak, és legyünk mindig kedvesek velük!

38. Még amikor valaki épp egy fát próbál kivágni, a fa akkor is árnyékot ad neki. Ilyen egy spirituális ember. Csak azt illethetjük ezzel a jelzővel, aki mások boldogságáért imádkozik, még olyanokért is, akik miatt szenved.

39. Ha valaki száz jótettet hajt végre, de közben akár egy hibát is ejt, azt az emberek megvetik és elutasítják. De ha valaki száz hibát vét, és csak egy jó dolgot tesz, Isten akkor is szeretni fogja és elfogadja őt. Ezért az életedet kizárólag Istenhez kösd, és ajánlj fel neki mindent!

40. Csak egy Isten létezik. A tejet a különböző nyelveken különböző szóval jelölik. A kéralai *pál*nak hívja, az angol pedig *milk*nek. A különböző nyelven beszélő emberek különböző néven nevezik a tejet. Bármi is legyen a név, a tej színe és íze attól még ugyanaz marad. A keresztények Istent Krisztusnak hívják, a muszlimok Allahnak, a hinduk Sivának, Krisnának vagy Istenanyának. Ez mind ugyanazt az Istent jelöli. Mindenki a saját kultúrája szerint gondol Istenre, és annak megfelelően imádja Őt.

41. Még a kisgyermekeknek is hasznos lehet a meditáció gyakorlása. Az értelmük ragyogóvá válik, és rendkívüli memóriára tesznek szert. Ez nagy segítségükre lesz majd a tanulmányaik során.

42. A meditáció és a spirituális gyakorlás nem pusztán azt jelenti, hogy csukott szemmel lótuszülésben ülünk. Azt is jelenti, hogy önzetlenül szolgáljuk a szenvedőket, megvigasztaljuk a bánkódókat, rámosolygunk az emberekre, és néhány kedves szót szólunk hozzájuk.

43. Az emberek gyakran nem törődnek azzal, ha másoknak nehézségeik vannak. A hozzáállásuk ez: „Hadd szenvedjenek mások, az nem az én problémám!" Változtassunk ezen a hozzáálláson! Kívánjuk őszintén, hogy senkinek a világon ne kelljen szenvednie! Ne gondoljuk azt: „Miért pont én?", hanem inkább azt: „Miért

kellene bárkinek is szenvednie?" Tanuljuk meg azt, hogy másokat magunk elé helyezünk.

44. Az alázatosság az igaz tudás jele.

45. Mi mindannyian az egyetlen Önvaló különböző formái vagyunk, mintha csak ugyanolyan cukorkák lennénk, melyeket különböző színű papírba csomagoltak. A zöld papírba csomagolt cukorka talán ezt mondja a piros papírba csomagoltnak: „Én más vagyok, mint te." A piros papírba csomagolt cukorka pedig ezt mondja a kék papírba csomagoltnak: „Te és én mások vagyunk." De amikor a papírt eltávolítjuk, akkor kiderül, hogy minden cukorka pontosan ugyanolyan. Éppígy nincsen valódi különbség az emberek között sem. Akár gazdagok vagyunk, akár szegények, barnák vagy fehérek, szépek vagy csúnyák, egészségesek vagy betegek – belül mindannyian ugyanolyanok vagyunk. De ezt gyakran elfelejtjük, és megtéveszt minket a külső látszat. E tévedés miatt teremtünk ennyi problémát a mai világban.

46. Az Anyában erős vágy él, hogy minden gyermeke olyan tisztává váljon, hogy fényt és szeretetet sugározzon mindenkire, akivel csak találkozik. A világnak most nem prédikátorokra, hanem élő példamutatásra van szüksége.

47. Gyermekeim, sose feledjétek, hogy a ti valódi családotok a világcsalád, az emberiség családja. Ha véletlenül megsebesíted a bal kezed, akkor a jobb kezed a segítségére fog sietni. Ez azért van, mert mindkét kezed a saját tested része; azt érzed, hogy egy vagy velük. Az egységnek ugyanezzel a szellemével szeressük és szolgáljuk minden fivérünket és nővérünket ezen a világon. Bocsássuk meg

nekik a hibáikat, és legyünk hajlandók akár még szenvedni is értük. Ez a spiritualitás lényege.

48. Gyermekeim, ahelyett hogy másokra mutogatnánk, és kritizálnánk őket, próbáljuk meg először a saját hibáinkat kijavítani.

49. Van szeretet és Szeretet. Szeretjük a családunkat, de nem szeretjük a szomszédunkat. Szeretjük édesapánkat és édesanyánkat, de nem szeretünk mindenkit úgy, ahogy édesapánkat és édesanyánkat szeretjük. Szeretjük a vallásunkat, de nem szeretünk minden vallást; akár ellenszenvvel is viseltethetünk más vallásúak iránt. Szeretjük az országunkat, de nem szeretünk minden országot. Ez nem az igaz Szeretet; ez csak korlátozott szeretet. Ennek a szeretetnek az átalakítása az Isteni Szeretetté: ez a spiritualitás célja. A Szeretet teljességében virul ki az együttérzés szépséges, illatozó virága.

50. Ha egy lépést teszel Isten felé, azt fogod tapasztalni, hogy Isten száz lépést tesz feléd.

Óm Amritésvarjai Namaha

www.ingramcontent.com/pod-product-compliance
Lightning Source LLC
Chambersburg PA
CBHW060209070426
42447CB00035B/2878